RUSSIA
West Siberian Plain
Central Siberian Plateau
Verkhoyansk Range
Kolyma Range
Koryak Range
Dzhugdzhur Range
Kamchatka
SEA OF OKHOTSK
Sakhaline
Kuril Islands
BERING
Long Strait
Ural Mountains
Kola Peninsula
Gyda Peninsula
FINLAND
MOSCOW
KAZAKHSTAN
ASTANA
MONGOLIA
ULANBATOR
Gobi Desert
INNer MONGOLIA
SINKIANG
CHINA
Kunlun Shan
TIBET
Himalayas
PEKING
NORTH KOREA
SOUTH KOREA
SEOUL
JAPAN
TOKYO
Hokkaido
Honshu
TAIPEI
TAIWAN
EAST CHINA SEA
SOUTH CHINA SEA
MANILA
PACIFI
OCEA
TURKEY
ANKARA
BLACK SEA
UZBEKISTAN
TURKMENISTAN
KYRGYZSTAN
AFGHANISTAN
KABUL
IRAN
TEHERAN
IRAQ
SYRIA
PAKISTAN
NEW DELHI
NEPAL
INDIA
BANGLADESH
MYANMAR
THAILAND
LAOS
VIETNAM
CAMBODIA
SRI LANKA
COLOMBO
MALAYSIA
KUALA LUMPUR
SINGAPORE
INDONESIA
JAKARTA
PAPUA NEW GUINEA
PORT MORESBY
SAUDI ARABIA
RIYADH
YEMEN
OMAN
MUSCAT
EGYPT
SUDAN
SOUTH SUDAN
ETHIOPIA
SOMALIA
KENYA
TANZANIA
ZAMBIA
MADAGASCAR
BOTSWANA
ARABIAN SEA
Bay of Bengal
INDIAN OCEAN
PACIFIC OCEAN
TASMAN SEA
CORAL SEA
CANBERRA
Sydney
WELLINGTON
NEW ZEALAND

Das Rum-Buch

Zeit für Genuss

Ein Buch von Rum & Co

1. Auflage

Gestaltung, Satz und Layout: Agentur der Petersen
Coverdesign: Agentur der Petersen
Printed in Germany, 2015

ISBN 978-3-00-050471-6

www.rumundco.de

Thomas Altmann und Falk Redlich

Das Rum-Buch

Zeit für Genuss

Trinkt der Bauer morgens Rum,
werden alle Furchen krumm.

(Bauernweisheit)

Inhalt

Einstieg in den Genuss

Dieses Buch ermöglicht das Eintauchen in den Bereich des hochwertigen Rum-Genusses. Zahlreiche Hilfestellungen zeigen eine Vergrößerung des persönlichen Geschmacks- und Genusserlebnisses.

„Zeit für Genuss“ ist die Grundvoraussetzung für diese fantastische Reise des Geschmacks. In der Zeit von Social-Networks, Smart-Phones und Tablets kommt sie oft zu kurz: Die Ruhe für sich selbst. Einen Moment des Abschaltens und Innehaltens. Gönnen Sie sich eine Auszeit vom Stress des Alltags und erfreuen Sie sich an diesem Erlebnis.

Lassen Sie es zu einem Ritual werden!

Goldwaage

Legen Sie bitte nicht jedes Wort auf die Goldwaage. Dieses Buch ist keine wissenschaftliche Abhandlung zu dem Thema, sondern eine in Worte gefasste geschmackliche Reise zum Rum. Wir haben uns bewusst für diese Art der Sprache entschieden. Wir wollen eine interessante, spannende und lebendige Lektüre.

Viel Freude beim Lesen wünschen

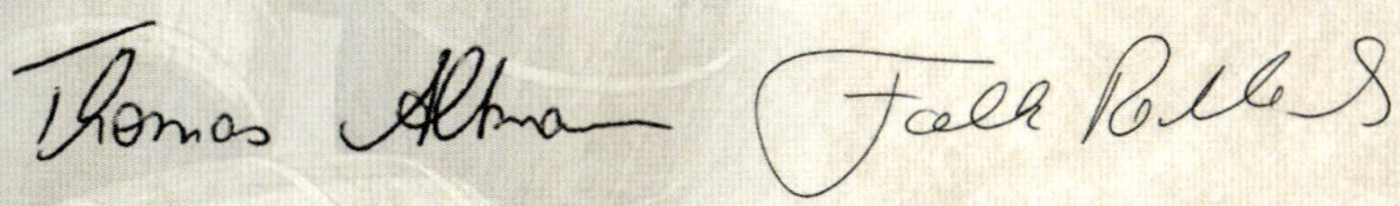

Thomas Altmann und Falk Redlich

Die Geschichte des Rums

„Als ich von den
schlimmen Folgen des Trinkens las,
gab ich sofort das Lesen auf."

(Henny Youngman)

Aller Anfang ist schwer (Die Geschichte des Rums)

Rum ist eine spannende Spirituose mit vielen geschmacklichen Gesichtern. Wenn ich ein Live Tasting gebe, dann begrüße ich die Gäste eines Einsteiger-Tastings häufig mit (ein paar lieben Worten) und dem Satz: "Wir sind ja zum Vergnügen hier". Dann wähle ich den Rum Ron Botucal Reserva Exclusiva, kreise in der Runde der Gäste und schenke einen guten Schluck ein.

Der erste Kontakt mit diesem Rum fällt insgesamt häufig sehr positiv aus. Ein Gast mag ihn nicht (häufig, weil dieser Gast mit Spirituosen allgemein von 40%Vol pur nichts anfangen kann) und ein weiterer Gast empfindet ihn als zu scharf, zu süß, zu irgend etwas. Eben sehr stark abweichend von anderen Meinungen. Das ist nicht schlimm, aber eine sehr individuelle Empfindung, die sich mit den anderen nicht deckt. 8 von 10 Gästen gefällt der Rum richtig gut.

„Wie schmeckt der Rum?", frage ich dann in die Runde. „Sehr gut", „lecker", „mild", „weich", „cremig", „schön lieblich" und hin und wieder auch etwas gezielter „Schokolade", „Vanille" und „Frucht". Das sind typische Antworten. Auf jeden Fall aber sind sich die meisten Einsteiger einig. Das ist nicht der typische Rum-Geschmack, der von einem Hansen Rum, Pott Rum oder Asmussen Rum und einem Rum-Grog bekannt ist. „Liebe Gäste, das ist Premium-Rum und

Premium Rum möchten wir heute hier verkosten. Durch dieses Tasting lernt ihr einen kleinen Teil der Rum-Vielfalt kennen.“

Der Ron Botucal Reserva Exclusiva ist der erste Rum, den ein Einsteiger (meiner Meinung nach) probieren sollte. Mit erfahreneren Liebhabern anderer Spirituosen, z.B. schottischem Whisky, verfahre ich anders und ganz sicher ist dies nur eine generelle Aussage ohne individuelle Geschmacksberücksichtigung. Vom Botucal aus kann der Genießer sich prima weiter entwickeln. Er wirkt ausgeglichen, recht süß, cremig, nicht „sprittig“, mild und weich. Der Geschmack mischt Vanille, Schokolade, Lebkuchen und etwas Fruchtkompott zusammen. Er ist gefällig. Häufig mag der „generische“ Deutsche, Spanier, Italiener, Däne, Schwede und Norweger genau diesen Geschmack. Fortgeschrittene Genießer treibt es nicht selten in eine andere Richtung, weg vom Süßen, weg vom Solera Rum (eine spezielle Form der Reifung und Lagerung eines Rums) hin zu starken und individuellen Charakteren. Aber hier geht es um den Einstieg, hier geht es darum, eine (neue) Seite von Premium-Rum kennenzulernen. Und das klappt mit dem Botucal einfach wunderbar.

Christoph Kolumbus (und die Zeit der Sklaverei)

Zu verdanken hat die westliche Welt den Rum letztlich Herrn Christoph Kolumbus. Rum wird aus Zuckerrohr gemacht, eine Süßgraspflanze, die im Normalfall zwischen 3 und 6 Meter groß wird. Sie stammt allerdings ursprünglich nicht aus der Karibik, sondern aus Neuguinea. Aber auch China und Malaiischer Archipel sind hoch im Kurs des Ursprungs genannt. Unabhängig davon, welches dieser drei Landstriche der Wahrheit entspricht, so liegen sie alle nicht in der Karibik. Sondern weit, weit weg davon.

Als Christoph Kolumbus zu seiner zweiten Reise antrat, bekam er vom spanischen Königshaus Zuckerrohr-Setzlinge aufgebrummt. Zucker war zu dieser Zeit ein sehr gefragtes und rares Produkt. Die Obrigkeit hoffte stark darauf, dass die Pflanze auf den Inseln Fuß fassen könne und mit dem Klima, sowie der Bodenbeschaffenheit zurecht kam. Und wie wir heute wissen, das hat wunderbar geklappt!

Christopher Columbus

Mit der Kolonialisierung der Karibik wurden die Ureinwohner dort direkt versklavt und zur Bewirtschaftung der Felder gezwungen. Das Zuckerrohr wuchs und gedieh. Immer mehr Plantagen wurden aus dem Boden gestampft. Die Arbeit dort war schwer und sehr hart. Sie überforderte die dortigen Ureinwohner, sie waren den Anforderungen nicht gewachsen. Die Herstellung von Zucker geriet ins Stocken und das gefiel den „Herren“ nicht.

„Not“ macht erfinderisch. Zur Zeit der Kolonialisierung der Neuen Welt wurde auch in Richtung Afrika geschielt und sich dort verbreitet. Beim Betrachten der afrikanischen Ureinwohner, kräftig im Körperbau, zäh unter der Sonne und den kargen Bedingungen, kam die „Erleuchtung". Wir verschiffen einfach Ureinwohner dieses Kontinents in die Neue Welt und lassen diese für uns das Zuckerrohr anbauen und ernten. Und so wurde der Gedanke in die Tat umgesetzt.

Zuckerrohrernte

Die Zuckerherstellung war dazu geschaffen, hohe Gewinne einzufahren. Unternehmerisch (aber grausam) betrachtet, durften Arbeiter (Sklaven!), Nutzvieh und alles weitere keine großen Kosten verursachen. Das Zuckerrohr wurde ausgepresst und gemangelt, um den Zucker zu gewinnen. Die Reste, die dabei übrig blieben, wurden dem Kreislauf wieder zugeführt. Zum Einen wurde damit das Nutzvieh gefüttert und zum Anderen wurde der Rest dazu verwendet, die Sklaven bei Laune zu halten.

Quasi per Experiment wurde herausgefunden: Die mit Wasser vermengte Melasse (restlicher Zuckersirup nach der Zuckergewinnung) gärte schnell, wenn sie mit Faseranteilen versetzt wurde. Dieses gegorene Getränk erinnerte zum Teil an den heimischen Alkohol der Ureinwohner. Von da an wurden die Sklaven mit dem Zuckerrohrschnaps versorgt. Übrigens werden gut 95% der weltweiten Rumsorten aus Melasse gewonnen, also dem Abfall aus der Zuckergewinnung. Auch der Ron Botucal Reserva Exclusiva ist (pauschal) ein sogenannter Melasse-Rum.

In dieser Zeit begann man in Europa, vor allem in Holland und Frankreich, destillierte Brände herzustellen. Deshalb haben kurzum Kupferbrennblasen ihren Weg in die Karibik gefunden, um dort „besseren" Schnaps zu brennen. Durch diesen Vorgang wurde der ursprüngliche Rum destilliert, mit Tafia, Guildive oder Kill Devil bezeichnet und nur zu gerne von den Sklaven konsumiert.

Der alte Rum und das Meer (der Rum erobert die Seefahrt)

Die Zuckerproduktion nahm zu der Zeit an Bedeutung zu und viele Schiffe pendelten zwischen Europa und der Karibik, um Zucker und andere Waren zu transportieren. Selbstverständlich blieb der Tafia nicht unentdeckt. Die Matrosen konnten sich damit für wenig Geld gut eindecken, denn der Kill Devil war in rauhen Mengen vorhanden und überall zu bekommen. Am Geschmack hatten die Seefahrer allerdings noch etwas auszusetzen. Der Ur-Rum war noch sehr scharf, sprittig und rau.

Kaum geeignet, um den europäischen Kehlen zu gefallen.

Rohrzucker

Um den Schnaps angenehmer zu machen, versetzten ihn die Matrosen mit einer unbekannten, fremdartigen Frucht. Der Limette. Das gefiel den Frauen und Männern sehr gut. Und so nahmen sie die erste „Caipirinha“ mit an Bord und auf Reisen. Nebenbei versetzten sie Trinkwasser damit. Das Trinkwasser schmeckte besser, hielt sich viel länger, ohne zu verderben und die Limette wirkte auch noch dem Skorbut entgegen. Inzwischen experimentierfreudiger geworden, legten die Reisenden auch noch karibische Früchte in den Alkohol ein, um sie länger haltbar zu machen. Ganz viele Fliegen mit einer Klappe geschlagen.

Der Tafia gefiel den Sklaven und er gefiel den Seefahrern. Mit der Limette wurde die Schärfe gedämpft, aber sie war noch weit davon entfernt, den Rum richtig schmackhaft zu machen. Die restlichen Europäer nahmen den Kill Devil zur Kenntnis, aber nicht unbedingt als lecker wahr. Erst als sie in Fässern gelagerten Tafia probierten, zogen sie die Augenbrauen hoch. Das Zeug aus der Karibk kann ja richtig gut schmecken! Haben die Matrosen nicht schon genug „entdeckt“? Ein Mittel gegen Skorbut, haltbar gemachte Südfrüchte, kein brackiges Trinkwasser und am Ende auch noch schmackhaften Rum durch (die zufällig entdeckte) Lagerung in Holzfässern! Damit begann ein Siegeszug des Rums. England, Frankreich und Deutschland verfiel dem tollen Geschmack des nun gereiften Rums. Europa im Rum-Rausch sozusagen!

Rum, dein hölzerner Geschmack.

Wer ein bisschen aufgepasst hat, der weiß, dass Rum seinen Geschmack verbessert, wenn er in Holzfässern gelagert wird. Zu Beginn wird „Weißer Rum“ in die Fässer gefüllt und am Ende kommt dann „Brauner Rum“ zum Vorschein. Je länger die Lagerung in Holzfässern, desto hochwertiger und genussreicher ist die Spirituose. Wirkt sich nur die Dauer der Reifephase auf das Trinkerlebnis aus? Weit gefehlt, denn daneben spielt es eine wichtige Rolle, welcher Fasstyp zum Einsatz kommt (was ist es für eine Holzsorte und was war vorher in diesem Fass gelagert?).

Beam Lagerhalle

Blanco-Rum (Weißer Rum) ist durch seine klare, farblose Erscheinung auf den ersten Blick als solcher zu erkennen. Er wird nach der Destillation (meist) mit Wasser auf seine Trinkstärke herabgesetzt und abgefüllt. Häufig ruht er zuvor in Edelstahltanks, an Stelle von hölzernen Fässern. Im Holzfass ausgebaute weiße Rum-Sorten lagern dort nur kurz (um nicht zu viel Farbe anzunehmen) oder werden gar anschließend gefiltert, um die Farbe wieder zu entziehen. Das Auge isst bekanntlich mit und weißer Rum dient in erster Linie als Bestandteil von Longdrinks und Cocktails. Der durchsichtige Rum beeinträchtigt die Farbe des gemischten Getränks einfach nicht.
Warum werden Fässer aus Holz und nicht aus einem anderen Material wie z. B. Metall verwendet? Das Holz gibt seine Farbe und seine holzigen Noten an das Destillat weiter, wenn der Alkohol darin lagert. Der Rum kommt außerdem unweigerlich mit Sauerstoff in Kontakt und wird den klimatischen Bedingungen der Lagerhalle oder des Kellers ausgesetzt. Durch die Fasslagerung erzielt man eine Art Reinigung, denn die Oxidation entzieht der alkoholischen Flüssigkeit unerwünschte Fuselstoffe. Lagert ein Rum sehr lange, wird er zudem weicher und runder (aber auch holziger). Oft gibt er sich milder im Geschmack, gleichzeitig aber auch vielschichtiger im Aroma. Er erhält quasi die Chance, seine Mitte zu finden und seinen Charakter auszubilden. Alternativ bieten sich Stahltanks an, doch ihr Einfluss auf die Spirituose ist anders und wesentlich geringer ausgeprägt. Vor allem Massenprodukte mit wenig interessantem Geschmack ruhen in Stahltanks.

Welche Fassarten bieten sich denn nun an? Generell ist zu sagen, dass frische (unbenutzte) Eichenholzfässer die meiste Farbe und die deutlichsten Holztöne an den Rum abgeben. Auf der Kehrseite der Medaille bringen sie auch einen intensiven und sehr würzigen Geschmack in den Rum, der häufig so nicht erwünscht ist. Zu kräftig, zu intensiv, zu „hart" für viele europäische Gaumen. Deshalb entscheiden sich viele Hersteller im Interesse des Geschmacks für keine neuen Fässer.

Anders ist das bei bereits genutzten Fässern, in denen zuvor schon Rum oder eine andere Spirituose (häufig Bourbon-Whiskey) abgefüllt war. Der Geschmack tritt viel weicher und geschmeidiger an den nun gelagerten Rum heran. Auf der anderen Seite braucht das Destillat auch länger, um einen gewünschten Geschmack anzunehmen. Und Zeit kostet immer Geld, wie wir wissen.

Zu unterscheiden ist außerdem nach Holzart. Amerikanische Bourbon-Fässer werden aus der dort heimischen Weißeiche gefertigt. Fässer aus Frankreich basieren in den meisten Fällen auf der Limousin-Eiche. Das gilt auch für spanische Fässer. Slowenische Eiche ist weniger üblich. Kennzeichnend für Fässer aus Europa ist, dass sie langsamer auslaugen und daher länger ihre Aromastoffe an den Rum weitergeben (aber auch weniger intensiv) und generell mehr Bitterstoffe in sich tragen. Das alles bietet viel Spiel- und Experimentierraum für die vielen Hersteller guter Spirituosen.

Die erste Wahl: Bourbonfässer aus den USA

Der Klassiker schlechthin bei den Fässern für die Rumlagerung sind Bourbonfässer, die aus den USA stammen. Wieso verwendet man gerade sie? Ein Grund liegt auf der Hand: Sie sind (bisher) leicht zu bekommen. Das verdanken wir dem Gesetz zur Herstellung von Bourbon-Whiskey. Dieser muss nämlich immer in frischen Fässern gelagert werden, also unbenutzten.
Sie werden vor dem Einsatz innen „ausgebrannt", nur ein Mal für die mindestens zwei Jahre währende Lagerung von Bourbon Whiskey eingesetzt (bei einem Straight Bourbon sogar 4 Jahre) und dann direkt in Pension geschickt. Die Amerikaner verkaufen diese gebrauchten Fässer an Spirituosenhersteller in aller Welt (sie selbst haben ja für diese keine Verwendung mehr). Die riesige Menge an bereits verwendeten Fässern und die (ländliche) Nähe zu den meisten Rum produzierenden Ländern (Karibik) hat zur Folge, dass Rum fast immer im Bourbon-Fass (zumindest für die Grundreife) lagert.

Wie sind die Auswirkungen auf den Geschmack?

Ein in Bourbon-Fässern gelagerter Rum weist meist einen deutlichen Unterton von Holz auf, da das Fass vorher lediglich einmal befüllt war. Außerdem macht sich ein süßer Beiklang von Vanille und Karamell bemerkbar. Das sind ganz typische Noten der Weißeiche, die durch chemische Reaktionen entstehen! An einem Rum riechen (der als Rum oder Ron bezeichnet wird), ein schlaues Gesicht aufsetzen und einfach sagen: „Vanille"?! Der Schuss ins Blaue trifft fast immer!
Amerikanische Barrels (Standard-Fässer) haben ein Fassungsvermögen von 200 Litern und sind damit weder sehr groß noch sehr klein (in Bezug auf Fassgrößen). Sie können oft genutzt und auf Wunsch mehrfach ausgebrannt werden, um das Innenfass anzurauen und mehr Oberfläche (und damit mehr Berührungsfläche mit der Spirituose) zu erzeugen. Außerdem verwandelt sich der Holzzucker durch das Ausbrennen in Karamell um. Das nennt man „toasten" und dieser Geschmack wird an das Innere des Fasses weitergegeben. In Wirklichkeit ist das Toasten natürlich etwas komplizierter, als hier beschrieben. Aber durch all diese genannten Faktoren greifen Rum-Hersteller nur zu gerne auf ehemalige Bourbon-Fässer zu!

Inzwischen ist (leider?) angedacht, das Gesetz zur Herstellung von Bourbon-Whiskey zu ändern. D.h. Die Bourbon-Produzenten möchten die Fässer gerne ein zweites Mal verwenden, alleine aus Kostengründen. Diese Änderung würde den kompletten Markt von gebrauchten Fässern durcheinanderbringen. Und es bedeutet im Endeffekt, alle Spirituosen, die in gebrauchten Fässern gelagert werden, werden erheblich teurer (als wären gute Spirituosen nicht schon preisig genug).

Als wäre diese Information nicht schon einschneidend genug, nein, so kaufte der japanische Whisky-Hersteller Suntory im Jahr 2014 den amerikanischen Riesen Jim Beam auf. Auch verschiebt er keine gebrauchten Bourbon-Fässer mehr an konzernfremde Unternehmen. Durch diesen Entschluss entsteht eine Verknappung und vermutlich auch ein baldiger Preisanstieg!

Die zweite Wahl: Sherryfässer aus Spanien

Die Spanier stellen in Andalusien Brandy und Sherry her. Dieser wird nach dem aufwendigen Solera-Verfahren (eine besondere Methode, um Spirituosen zu reifen) gelagert. Die hierfür zum Einsatz kommenden Fässer aus europäischer Eiche sind von Whisky- und Rumherstellern heiß begehrt. Wenn viele Menschen anstehen, steigt der Preis!

In der Regel zieht man die Sherry-Fässer zurate, wenn eine besondere geschmackliche Komponente im Rum (oder Whisky oder...) erwünscht ist. Nach der Haupt-Reife in den bereits bekannten Bourbon-Fässern schließt sich das so genannte Finishing an. In einer viel kürzeren Lagerzeit wird der Spirituose ein besonderer Schliff verpasst. Häufig sogar nur einige Monate, an Stelle von Jahren. Besonders beliebt sind vor allem Oloroso-Sherry-Fässer und Pedro-Ximinez-Sherry-Fässer (letzterer ist sehr süß und wird PX abgekürzt).

Was hat das für Einflüsse auf den Geschmack?

Rum, der in Sherry-Fässern gelagert wurde, bringt Eindrücke von Trockenfrüchten und Rosinen mit sich. Daneben können geschmackliche Komponenten dunkler Beerenfrucht auftreten und diese Lagerung erweckt oft schokoladige Eindrücke. Süße Sherry-Noten sind (häufig) unverkennbar und erinnern teilweise sogar an Kirsche, obwohl Sherry mit „Cherry“ (engl. Kirsche) nichts zu tun hat. Eine bereits sehr beachtliche Palette an Geschmack und genau deshalb sehr beliebt!

Die großen Sherry Butts (Standard-Sherry-Fässer) beinhalten (etwa) 500 Liter Flüssigkeit. Sie erfahren stets eine hohe Nachfrage, wie wir inzwischen wissen. All dies lässt sie wirklich sehr teuer werden, im Verhältnis zu einem „einfachen“ Bourbon-Fass. Wer einmal einen lieblichen Rum probieren möchte, der sehr ausgiebig in Sherry-Fässern lagerte, der probiere bitte den Dos Maderas 5+5 PX Rum. Eine klare Empfehlung für die Geschmacksstudie „Sherry-Fass“!

Eine ungewöhnliche Wahl: Cognac-Fässer aus Frankreich

Cognac ist ein geschützter Begriff und meint „eigentlich" Weinbrand (ein Destillat aus Trauben). Er darf nur in Frankreich hergestellt werden und Cognac muss in Eichenfässern aus französischer Eiche gelagert werden. Der sogenannten Limousin-Eiche. Fässer werden Barrique genannt und bemaßt nahezu die Standard-Größe von Fässern mit etwa 225 Litern. Die Menge entstammt dem Leergewicht eines solchen Fasses. Dieses Gewicht von ca. 45 Kilogramm war von einem Hafenarbeiter der Vergangenheit alleine händelbar!
Geschmacklich beeindruckt ein solches Cognac-Fass mit frischen Eindrücken von samtiger Aprikose, frischem Pfirsich und teilweise Feigengeschmack. Häufig im Einklang mit kandierter Fruchtvariante. Und natürlich finden sich in einem solchen Rum auch Traubeneindrücke! Wer einen edlen Rum probieren möchte, der eine zweijährige Reifung in ehemaligen Cognac-Fässern verbracht hat, der probiere bitte den Ron Zacapa XO Rum.
Das Haus Cognac Ferrand produziert die Rum-Serie Plantation Rum. Alle Rum-Sorten der Black-Label-Serie (also alle mit einem schwarzen Etikett) reiften zusätzlich in einem Cognac-Fass und machen diese besonderen Rum-Sorten aus!

Eine seltene Wahl: Weinfässer

In der Vergangenheit selten, in der Gegenwart etwas häufiger. Wir reden von der Verwendung von Weinfässern aus Ländern wie z.B. Frankreich oder Italien. Sowohl Rotweinfässer als auch Weißweinfässer eignen sich dabei gut. Alternativ verwenden manche Produzenten Portweinfässer aus Portugal (Pipes mit 650 Litern Fassungsvermögen). Weinfässer sind mit 300 Litern Inhalt (häufig) kleiner.

Das geringe Fassungsvermögen erlaubt mehr Kontakt zum Holz und eine deutlichere geschmackliche Auswirkung auf den Rum (als z.B. das übliche Sherry-Fass). Oft reicht ein kurzes Finishing im Fass aus, um fruchtige Noten zu erzeugen. Dazu unterlegt der Geschmack sich mit einem weinigen Hauch. Weintraube und eher helle Schokolade. Süßkirsche sind einige Eindrücke, die z.B. ein Portwein erzeugen kann.

Unterschiede von Größe eines Fasses und Holzart

Amerikanische Weißeiche ist generell weicher als europäische Eiche. Ein Rum in einem solchen Holz erfährt einen schnelleren geschmacklichen Austausch. Im selben Atemzug sind die Eindrücke aber auch intensiver und manchmal einfach sehr streng. Die Europa-Eiche ist dichter und härter, dort dauert es länger, um das Aroma vom Holz in den Rum zu bekommen. Gleichzeitig ist der Geschmack subtiler und wirkt komplexer. In kleinen Fässern reift ein Rum direkt und intensiv. Die Flüssigkeit wird prozentual großflächig vom Holz „berührt". In Fässern mit einem größeren Inhalt reift der Rum langsamer.
Der Rum hat dort im Verhältnis weniger Kontakt mit dem Holz des Fasses. Die Hersteller eines guten Rums müssen all diese genannten Faktoren berücksichtigen und für ihr Produkt sorgsam auswählen!

Unterschied der Reifung in unterschiedlichem Klima

Je wärmer und trockener das Klima ist, um so schneller reift eine Spirituose in einem Fass. Amerikanischer Bourbon-Whiskey reift etwa doppelt so schnell, wie schottischer Whisky. Ein Bourbon von 9 Jahren Reife entspricht einem schottischen Verwandten 18 Jahren. Heißt es. Ich persönlich würde diesen Faktor auf eher 1,5 beziffern. D.h. Ein zehnjähriger Bourbon entspricht einem 15jährigen Single Malt aus Schottland. Das passt im Ausbau sehr gut, wie ich finde! Bei Rum unter karibischen Einflüssen ist es noch extremer, als beim Bourbon-Whiskey. Deshalb sorgen nicht wenige Hersteller für ein anderes „Klima". Eine Lagerung im Keller oder auf einem hohen Berg schützt vor dieser oft nicht gewollten „Schnellreifung". Die schnelle Reifung wirkt „unsauber" und sehr kräftig. Eigenschaften, die amerikanische und europäische Genießer häufig nicht wünschen.

Rum wird schmackhaft: Vom Sklaven-Getränk zur Premium-Spirituose

Die Reifung in Holz-Fässern macht Rum in Europa salonfähig. Der gewachsene Zuspruch lässt den Rum mehr Gewinn abwerfen, als der Zucker selbst (17. bis 19. Jh.)! Das ist schon gewaltig. Der Rum ist nicht ganz alleine daran schuld, auch die Ernte und Verwendung der Zuckerrübe in Europa verstärkt diese Entwicklung. Die Zuckerpreise sinken, die Nachfrage wird weniger. Viele Hersteller stehen vor der Pleite. Nur der Voraussicht einiger weiser Plantagenbesitzer ist es zu verdanken, vermehrt auf die Rum-Destillation (und ganz wichtig: Reifung in Holz) zu setzen. Neu, profitabel und absolut trendy.

Damit nicht genug. Die Prohibition (Anfang 20. Jh.) in den USA verhalf dem Rum zu einem weiteren Aufschwung. Viele Amerikaner reisen in dieser Zeit außer Landes. Vornehmlich in die Karibik (z.B. Kuba), um dort den vermissten Alkohol zu trinken. Der Rum erklomm dadurch eine ganz neue Beliebtheit, die kaum zu bemessen ist. Der Rum als Qualitätsdrink war geboren und viele Destillateure setzen gerade in dieser Zeit auf eine große Geschmacksvielfalt. Jeder von ihnen stellt verschiedene Sorten her und ersinnt neue und aufwendige Herstellungsmethoden. Sehr ausgeklügelte Reifungsmethoden machen diese Vielfalt möglich.

Die moderne Rum-Herstellung, auf die auch die heutige Produktion aufgebaut ist, wurde um 1850 von gleich zwei Männern unabhängig voneinander erfunden. Felice Presto und Don Bacardi entwickelten auf Jamaica und Kuba ein Prinzip, auf der die Herstellung des weißen Rums in großen Mengen ermöglichte.

Die Herstellung des Rums

Die Herstellung des aromenreichsten Getränks der Welt

Aromaexplosion
Die Herstellung des aromenreichsten Getränks der Welt

Wenn ich von Kunden (ohne viel Kontakt zu guten Spirituosen) gefragt werde, welches Live Tasting ich denn als erstes empfehlen kann, dann antworte ich (pauschal) „ein Rum Tasting für Einsteiger". Weil wir unser Hauptaugenmerk auf Rum gelegt haben? Nein, sondern weil Rum einfach die aromatischste Spirituose der Welt ist. Und dieser Umstand macht es möglich, besonders einfach die Geschmackswelt von guten Spirituosen zu zeigen. Selbst Raucher oder Menschen mit eher geringem Geschmacksempfinden kommen häufig von Anfang an gut mit Rum zurecht.

An dieser Stelle möchte ich noch einmal betonen, dass Rum nicht „besser" ist, als Whisky oder Cognac (oder irgend eine andere gute Spirituose). Er ist aber leichter zu verstehen! Stellen Sie sich ein Schwimmbecken mit 100.000 Liter (geschmacksneutralem) Wasser vor. In dieses Wasser wird ein Liter schottischer Whisky gekippt. Und dann davon probiert. Was schmeckt man? Ganz genau, Nichts!

Und jetzt machen wir das gleiche noch einmal mit sehr aromatischem Rum. Und was schmeckt man? Richtig, Rum (natürlich nicht dominant, aber spürbar)! Heftig, oder?

Kaum zu glauben: Rum ist bis zu 300 mal aromatischer, als z.B. schottischer Whisky und bis zu 150 mal aromatischer als Cognac. Unter anderem daran „Schuld" ist der hohe Ester-Anteil im Rum. Übertragen und vereinfacht-bildlich gesprochen sind Ester-Teilchen kleine Fett-Kügelchen, die die Geschmacksinformationen zu uns tragen. Denken Sie dabei an ein Steak, dass in der Pfanne gebraten wird. Einmal mit Butter und einmal ohne Butter. Können Sie sich den Unterschied vorstellen? Das kräftige Aroma des Steaks mit Butter und das weniger stark ausgeprägte Steak ohne selbige? Und nun nennen Sie die Butter einfach Ester (um sich eine Vorstellung zu machen).

Vor allem zwei Länder sind bekannt für so genannte „High Ester Rums" (Rums mit einem hohen Ester-Anteil). Guyana (Südamerika) und Jamaika (karibische Insel). Diese beiden Länder produzieren die kräftigsten Rumsorten. So kräftig, dass bereits in der Vergangenheit (bis heute anhaltend) der so genannte Flensburger Rum-Verschnitt zu einem Teil aus originalem Rum aus Jamaika besteht und zu 95% aus „Neutralalkohol".

Nur 5%: Hierbei wird erneut deutlich, wie aromatisch Rum ist. Wenn Sie also z.B. einen Hansen, Pott, Dethleffsen Rum kaufen, dann sind da in Wirklichkeit nur (etwa) 5% Rum drin und trotzdem wirkt der Verschnitt sehr stark im Geschmack. In einem Grog (vermischt mit heißem Wasser und Kandis) schmeckt dieser bereits „gestreckte" Rum immer noch kräftig durch (etwa 100fache Verdünnung). Und wenn ein paar Tropfen fürs Backen von einem leckeren Kuchen benutzt werden, dann „haut" das Aroma durch das ganze Backwerk. Obwohl nur ein Schuss drin ist. Ich denke, nun wird langsam klar, wie aromatisch Rum ist!

Für diesen immensen Geschmack sind viele Gründe vorhanden. Den hohen Ester-Anteil kennen wir nun, aber da gehört noch mehr zu. Die Pflanze selbst, also das Zuckerrohr, existiert in vielen unterschiedlichen Arten. Jede mit seiner Besonderheit von Geschmack und Qualität. Eines zeigt viele Zitrusnoten im Aroma, ein anderes gibt einen besonders trockenen Geschmack, das nächste erinnert an Ananas. Eine Basis an Vielfalt nur durch die Auswahl des Zuckerrohrs!

Wer Gras sät, der erntet Rum!

Das Zuckerrohr (Saccharum officinarum) ist der Hauptbestandteil des Rums (ohne Zuckerrohr darf sich die Spirituose nicht einmal Rum nennen) und somit die Grundlage. Es gehört zu der Familie der Süßgräser (das sagte ich bereits) und wächst und gedeiht am liebsten unter hohen Temperaturen von über 25 Grad Celsius und viel Wasser (Regenreichtum). Tropisches und subtropisches Klima der Karibik ist für diese Ausgangslage ideal. Man könnte also sagen: Sonnenhungrige Touristen der Karibik und Zuckerrohr sind in ihren Ansprüchen gar nicht soweit voneinander entfernt. Viel Sonne, viel Wasser.

Zuckerrohr

Für die Produktion von Zucker und Rum ist jedoch tatsächlich nur der Halm interessant. In diesen Halmen steckt auf großer Länge süßes Mark, dass einen Zuckergehalt von etwa 20% aufweisen kann. Mühsam wird das Zuckerrohr geerntet, nicht selten noch immer per Hand. Von einem Arbeiter in den Zuckerrohrplantagen erwartet man, dass er etwa drei Tonnen Zuckerrohr am Tag erntet. Wahrlich kein „Zuckerschlecken".

Auch heutzutage dient das Zuckerrohr vor allem der Zuckergewinnung. Die Melasse, die zur Rum-Herstellung verwendet wird, ist „nur" der Abfall aus diesem Prozess. Und dieser Abfall ist (häufig) recht preisgünstig zu bekommen. Das ist gut. Weniger gut ist allerdings, dass für 10

Liter Alkohol mehr als 25 Tonnen Melasse notwendig sind. In Kolumbien ist Melasse inzwischen (praktisch) gar nicht mehr zu bekommen. Dort wird der Abfall aus der Zuckerernte für die Energiegewinnung genutzt (wir kennen das mit unserem Raps und Biogas auch in ähnlicher Form) und macht es für die dortigen Rum-Produzenten interessanter, gleich selbst Zuckerrohr anzubauen.

Neben dem Melasse-Rum gibt es noch eine zweite Form der Rum-Herstellung. Aus dem frisch gepressten Zuckerohrsaft, dem sogenannten „Sugar Cane Juice“ (und nur etwa 5% der weltweiten Rumproduktion besteht aus Zuckerrohrsaft). Zuckerrohrsaft-Rum ist teurer und schmeckt auch etwas anders in seiner Grundform (mehr grasige Elemente, deutlichere Zitrusnoten, trockener, schärfer).

Vor allem die Franzosen (mit ihren Überseedepartments wie z.B. Guadeloupe und Martinique) setzen sich mit dem Zuckerrohrsaft-Rum auseinander. Sie nennen ihn Agricole (ein geschützter Begriff ähnlich wie Cognac und Champagner) und die Herstellung erfolgt nach strengen Vorschriften. Auch andere Länder und Produzenten stellen Agricole Rum her, dürfen ihn aber nicht so nennen (ist ja geschützt). Einige davon sind z.B.: Ron Zacapa, Dictador, und Ron Aldea. In diesem Buch allerdings werden wir uns nur mit wenigen Zuckerrohrsaft-Rumsorten auseinandersetzen und auf echte Agricole Rums nicht (bzw. maximal am Rande) eingehen. Das hat den Grund, dass viele Einsteiger und wenig erfahrene Rum-Genießer Agricole Rum-Sorten bzw. Zuckerrohrsaftrums nicht zu Beginn in ihr Herz schließen.

Organische Melasse aus Paraguay

Ein paar Fakten zur Zuckerrohr-Ernte: Brasilien ist das Land mit der weltweit größten Zuckerrohrproduktion. Gefolgt von Indien (Platz 2) und China (Platz 3). Die Plätze 2-8 der weltweit größten Produzenten produzieren zusammen gerade einmal soviel, wie Brasilien alleine (hier wird übrigens selten per Hand geerntet, große Maschinen erledigen das dort). Würde man Indien (Platz 2) streichen, würden die restlichen Länder der Welt Brasilien nicht das Zuckerrohr reichen können. Und zwar alle zusammen. Die effektivste Ernte pro Hektar allerdings findet in Peru statt. Und aus Peru stammen sehr leckere Rum-Sorten!

Geschmackskomponente: Destillationsverfahren (Pott Still und Column Still)

Ganz kurz (und oberflächlich). Zu Beginn steht die Gärung. Der Melasse (oder dem Zuckerrohrsaft) wird Hefe zugesetzt (verschiedene Destillerien verwenden unterschiedliche Hefe, eine sehr bekannte

Destillerie nutzt z.B. „Ananans-Hefe") und daraus entsteht Alkohol, Wärme und Kohlendioxyd. Die Gärzeiten betragen von (ca.) 24 Stunden bis hin zu (eher selten) 10 Tagen. Eine genaue Überwachung ist nötig, da verschiedene Hefe-Stämme verschiedene Temperaturen nicht überleben.

Aus der Gärung entsteht die Maische. Sie besitzt einen Alkoholgehalt von etwa 5-10%. Je mehr Zucker in der Basis enthalten ist, desto hochwertiger ist der Alkohol und desto ergiebiger der Geschmack. Und genau deshalb ist natürlich Zuckerrohr mit seinem hohen Zuckeranteil exzellent dafür geeignet. Da sind wir wieder bei der aromatischsten Spirituose angelangt!

Wenn es gut gemacht werden soll, ist viel Aufmerksamkeit erforderlich. Viele Gefängnisinsassen kennen sich übrigens ziemlich gut mit diesem Prozess aus, so bald es ihnen gelingt, Hefe in ihre Zelle zu schmuggeln. Allerdings explodiert dort auch gerne einmal eine Flasche, aufgrund der entstehenden Hitze und den Gasen.

In Ländern mit hohen Steuern auf Alkohol (z.B. Schweden, Norwegen) gibt es ganze Heim-Bausätze zu kaufen, mit denen Alkohol selbst hergestellt werden kann. Mittels kleiner Brennanlagen und einem Fassungsvolumen von etwa 1-5 Litern. Fertige Aroma-Körbe dienen zur Fertigstellung des Geistes aus der kleinen Destille und sind praktisch überall fertig zu beziehen. Dazu gibt es schwedische Spezialhefe, durch die kein zweites Brennen notwendig ist, da die anfängliche Alkoholausbeute bei 20%Vol. liegt!

Im Anschluss an die Gärung wird durch die Destillation der Alkoholgehalt auf 70 bis 95% gebracht. Natürlich trinken das so die wenigsten. Keine Angst, für den Endverbraucher (also uns) wird der Alkohol mit Wasser verdünnt und so auf häufig um 40% Volumenalkohol gebracht.

Es gibt zwei wichtige Destillationverfahren, um Spirituosen herzustellen. Das urtümliche und sehr aromatische „Pott Still Verfahren", sowie das moderne und ergiebige „Column Still Verfahren".

Das Pott Still Verfahren

Diese Destillation ist eine sehr alte und aufwändige Form, bei der ein Kupferkessel mit Schwanenhals als Brennblase dient. Vereinfacht: „Pott" aufmachen, Maische rein kippen, „Pott" zumachen und destillieren. Die Menge ist begrenzt und nach dem Vorgang muss der Apparat komplett tip-top gereinigt werden. Das ist mühselig, zeitintensiv und damit teuer.

Und warum machen die das dann so? Weil dieser Vorgang ein sehr starkes Aroma erzeugt und dadurch geschmacklich intensive Spirituosen entstehen.

Wer wirtschaftlich arbeiten muss, für den ist dieses Verfahren häufig untragbar. Nur durch vermehrte Menge in verschiedenen Marken oder Aufkäufer anderer Hersteller lässt sich mit dieser Methode „überleben". Oder durch das starke Anheben der Preise.

Das Column Still Verfahren

Bei diesem Verfahren wird an Stelle des Kessels eine Säulenapparatur verwendet. Vereinfacht kann in diesem Verfahren die Maische stetig nachgekippt werden und damit ohne Unterbrechung destilliert werden. Das spart Zeit und damit Geld. Die Kehrseite dieser Vereinfachung ist allerdings Geschmacksverlust. Der Rum schmeckt viel „dünner" und leichter.

Vor allem Massenware wird hauptsächlich über das Column Still Verfahren produziert. Einfachstes Beispiel ist der Bacardi Blanco Superior Rum. Viele Premium-Spirituosen hingegen werden über das alte Pott Still Verfahren hergestellt. Viel Geschmack wird dort einfach (und zu recht) erwartet.

Länder und Geschmack?

In den Anfängen der 1800er Jahre wurde Rum als Heilmittel verstanden und galt außerdem als kräftiges Haarwuchsmittel. Heute wissen wir, das ist albern. Obwohl, Balsam für die Seele kann ein guter Schluck Rum sein! Ich schenke einen tollen Rum lieber ins Glas, als in die Haare!

Bisher haben wir bereits einige Informationen gesammelt, die einen Einfluss auf den Geschmack eines Rums haben. Da ist das Zuckerrohr selbst, da ist die Lagerung im Holzfass, da ist das Destillationsverfahren und noch einiges mehr. Aber war das schon alles? Nein! Auch das Land selbst kann seinen Anteil daran haben. Zwar nicht ausschließlich und kompromisslos, aber gewisse Geschmacks-Komponenten kann man einzelnen Ländern zuordnen. „Der beste Rum stammt aus Kuba!" kommt nicht von ungefähr (ob das tatsächlich so ist, ist natürlich eine Geschmacksfrage).

Kubanischer Rum-Stil

In vielen Köpfen ist Kuba das Rum-Land schlechthin. Ähnlich wie bei guten Zigarren. Was erwartet uns, wenn wir ein Glas Rum aus Kuba einschenken?

Die meisten werden Ihnen verraten, dass vor allem eins mit kubanischem Rum assoziiert wird: Eine gewisse Leichtigkeit. Wer schweren Rum der exotischen Art bevorzugt, der sollte in einem anderen Land suchen. Vor allem in jungen, weißen Rum-Sorten aus Kuba steckt eine frische, lebendige Art und Weise. Sie erinnern mehr an eine schäumende Gischt, als an einen ruhigen Angelsee.

Dazu kommt der typisch kubanische Rauchgeschmack (erinnert an ein rauchiges Stück Holzkohle auf dem Grill), der sich häufig in den Hintergrund des Rum-Geschmacks nistet und ihn sehr interessant gestaltet.

Viele junge Kubaner (die Rums, nicht die Menschen) sind eher nicht zum puren Genuss geeignet (persönliche Ansicht), sehr wohl aber gut in einem Longdrink oder Cocktail untergebracht. Eine der bekanntesten Marken ist Havana Club. Besonders mit ihrem 3jährigen und 7jährigen punkten sie in der Longdrink-Szene. Es lohnt sich übrigens in Alternativen wie z.B. Santiago de Cuba oder Ron Caney zu investieren.

Dunkle Rum-Sorten aus Kuba können dann punkten, wenn sie ein gewisses Alter erreicht haben. 10 Jahre aufwärts ist ein guter Anhaltspunkt. Zu beachten gilt lediglich: Für Einsteiger nur bedingt geeignet. Etwas Rum-Erfahrung sollte vorliegen! Wer einen gereiften Rum aus Kuba probieren möchte, bitte z.B. Mulata 15, Santiago de Cuba 12 oder den Caney 12. Alternativ ginge auch die (günstige, aber verhaltene) Cubay 10 Version!

Merkmale in kurzer Form: Leicht und spritzig, eher dünner Körper, nicht lieblich, Zitrusnoten, Rauchuntermalung.

Jamaikanischer Rum-Stil

Ein zweites Land, welches viele Menschen an Rum denken lässt, ist Jamaika. Und im Geschmack ist Jamaika-Rum noch wesentlich bekannter, als z.B. Kuba-Rum. Denn der „typische“ Rum-Geschmack, den wir im Kopf haben, stammt aus Jamaika (in Wirklichkeit ist Rum natürlich vielseitiger, als nur auf diesen einen Geschmack zentriert zu sein). Wir finden ihn in praktisch allen Rum-Verschnitten (Hansen, Pott, Asmussen, etc) und sogar im Rum-Backaroma!

Was verbirgt sich denn nun genau hinter Rum aus Jamaika? Wollen wir das Ganze mit einem Wort zusammenfassen, dann führt kein Weg an diesem Begriff vorbei: Kraft.

Jamaikanischer Rum ist verdammt intensiv, charaktervoll und ungestüm im Temperament. Er fordert den Genießer auf dem direkten Weg. Der Jamaika-Rum gehört zu den High-Ester Rums. Manchmal wird diese Art auch mit Ester-Extremismus betitelt, was einen leichten, schalen Beigeschmack hat. Allerdings nur im Kopf, nicht im Rum. Übrigens führt ein sehr hoher Ester-Anteil zu Aroma-Eindrücken von Klebstoff, Lacken und Seife. Nicht erschrecken! Tipp: Den Rum einfach im Glas stehen lassen und sich später mit ihm befassen (z.B. 15 Minuten).

Neben der reinen Kraft finden wir im Jamaika Rum nicht selten Geschmackselemente von Frucht (Ananans, Banane) und Nuss. Eher seltener erinnert das Aroma an

Tabak. Typische Vertreter sind: Appleton Estate Rum und Coruba Rum. In Cocktails eine Wucht. Für den Einsteiger nicht ganz geeignet, wenn es um puren Genuss geht. Wer sich doch etwas mit Jamaika-Rum beschäftigen möchte, zu Beginn, der sollte sich an Rums von Plantation Rum versuchen. Plantation Rum Jamaica 8 Jahre oder die edle Variante Plantation Rum Jamaica 1999 Sherry Cask.

Merkmale in kurzer Form: Heftig aromatisch, Frucht und Nuss, fordernd, fett, Tabak, häufig nicht süß.

Barbados Rum-Stil

Die älteste, angemeldete Destillerie der Welt stammt von Barbados (Mount Gay) und existiert seit 1703. Ursprünglich, authentisch und traditionell sind gute Beschreibungen für den Geschmack aus Barbados. Von hohem Standard und nicht selten sehr trocken. Inzwischen haben viele Destillerien dort geschlossen, aber die wenigen noch verbleibenden werden sehr geschätzt.

Rum aus Barbados umfasst ebenfalls Fruchtnoten. Dabei gehen diese häufig in Richtung dunkle Beeren und teilweise auch Kirscheindrücke. Besonders gemocht wird Barbados-Rum von den sogenannten Unabhängigen Abfüllern. Das sind Firmen, die selbst keinen Rum produzieren, sondern nur einkaufen (und lagern). Deshalb existieren immer wieder hochwertige Abfüllungen aus Barbados, die von keiner dort heimischen Marke stammen.

Barbados-Rum präsentiert sich überwiegend von leichtem Körper, aber vollen Aromen. Tropische Noten untermalen die Vielseitigkeit dieser Rums. Zu erwähnende heimische Marken sind vor allem Mount Gay Rum, Doorly´s Rum und Cockspur Rum. Als unabhängiger Abfüller ist vor allem (mal wieder) Plantation Rum aus Frankreich, die mit ihrem XO Barbados-Rum ein tolles Produkt am Start haben und absolut Einsteiger tauglich ist! Von Mount Gay und Doorly´s zu Beginn die Finger lassen!

Merkmale in kurzer Form: Leichter Körper, schwere Aromen. Banane. Beerenmus aus dunkler Frucht. Häufig sehr langer Nachklang. Süße und nicht süße Rums.

Puerto-ricanischer Rum-Stil

Doch lieber einen sauber destillierten Rum mit klarer Struktur? Moderne Destillation mit Teilen traditioneller Kunst? Puerto Rico bietet solchen Rum.

Rum aus Puerto Rico ist von einfacher und klarer Art. Er neigt nicht zu Überraschungen im Geschmack. Der Rum wirkt irgendwie immer glatt und ausbalanciert. Inzwischen wird wohl nicht wenig Rum vom Giganten Bacardi auf Puerto Rico hergestellt (Bacardi hat allerdings mindestens 12 Produktionstandorte auf der Welt verteilt).

Die sehr saubere Verarbeitung hat den Nachteil, dass der Rum nicht besonders spannend wirkt. D.h., für den puren Genuss ist Puerto Rico nicht besonders zu empfehlen (Ausnahmen bestätigen die Regel). Der Vorteil ist: In Longdrinks oder Cocktails hingegen können sie durch die klare Struktur sehr gut harmonieren. Sie lassen den anderen Beigaben genug Raum zu atmen und damit Geschmack übrig.

Da ich Bacardi bereits erwähnt habe. Bacardi ist der größte Rumproduzent der Welt (um 20 Millionen Flaschen/Jahr). Aber, ganz dicht gefolgt von Tanduay von den Philippinen (auch etwa 20 Millionen Flaschen). Kennen Sie nicht? Das ist nicht schlimm. Tanduay produziert (viele verschiedene Spirituosen, von Gin, Rum und Whisky) hauptsächlich für den heimischen Markt, ein Land mit großem Alkoholverzehr. Und ganz nebenbei empfehle ich die Rum-Produkte von Tanduay eher, als die von Bacardi. Ich durfte die einfachen Rum-Sorten von Tanduay bereits probieren. Für mich sind es zwar einfache Rum-Sorten, aber von durchaus gutem Geschmack! Geschmäcker sind da natürlich ganz verschieden.

Häufig finden sich Geschmackskomponenten von Zitrusfrüchten im Rum aus Puerto Rico. Vanille und Karamell flanieren an der Oberfläche. Apfel kommt vor. Frisch wirkt er. Ein schöner Vertreter aus Puerto Rico ist die Marke Don Q.

Merkmale in kurzer Form: Rein und klare Struktur. Zitrus und Apfel. Frisch. Häufig sehr trockene Rum-Sorten.

Guyana Rum-Stil

In Guyana ist der so genannte „Demerara"-Rum zu Hause. Der Name stammt vom Fluss Demerara, der durch (British) Guyana (in Südamerika) fließt. In dem Schatten des Flusses sprießt das (vermutlich) beste und reichhaltigste Zuckerrohr der großen, weiten Welt.

Wie schmeckt Rum aus Guyana? Schwer, reichhaltig, intensiv, kräftig. Kakao und Kaffeenoten sind zu erahnen. Aber auch immer wieder „irgendwie" Orangenschale. Neben Jamaika produziert Guyana als zweites Land einen High Ester Rum. Abgefüllt bringen diese Rum-Sorten nicht selten eine hohe Lieblichkeit mit und landen so in Live-Verkostungen bei uns häufig auf den vordersten Plätzen.

Rum aus Guyana ist wirklich gut dafür geeignet, als Dessert-Rum zu dienen. Die geschmackliche Schwere, das kräftige Aroma und die fruchtig-süßen Elemente. Sehr gut für Einsteiger geeignet, insbesondere z.B. El Dorado 12 und XM 12.

Merkmale in kurzer Form: Üppig und schwer. Dessert. Kakao, Schokolade, Rosine und Orangenschale. Häufig lieblich.

Guatemala Rum-Stil

Guatemala liegt in Mittelamerika. Dort existiert, soweit mir bekannt, nur ein Hersteller für Rum. Die Destilerias Unidas S.A. (abgekürzt DUSA). Ihr verdanken wir alle, dass Premium-Rum so publik wurde. Mit ihrer (größten) Marke Zacapa haben sie den Markt aufgerollt und die Welt von gutem Rum überzeugt. Das ist große Klasse und deshalb ein großes Dankeschön an den Wegbereiter für Premium-Rum.

Geschmacklich ist Guatemala-Rum generell eher leicht und beschwingt. Elemente von Honig und Kakao sind kennzeichnend, sowie einige Trockenfruchtnoten wie z.B. Ananas. Die einfacheren Rum-Sorten aus Guatemala wirken einfach und glatt, ohne ein langes Nachspiel. Erst bei der Verkostung von älteren Exemplaren wird das anders. Dort erwartet den Genießer leichte Körper und schwere Aromen. Gepaart mit genussvoller Lieblichkeit!

Guatemala schreibt vor, den Rum lediglich aus Zuckerrohrsaft zu destillieren und bei Ron Zacapa nennt sich das Ganze dann Virgin Cane Honey (also jungfräulicher Zuckerrohr Honig).

Aus Guatemala zu empfehlen sind natürlich alle Zacapa Rums. Ron Botran, Ron Barco und Ron Malteco sind preisgünstigere Alternativen. Alle stammen von der DUSA, alle sind pauschal für Einsteiger geeignet.

Merkmale in kurzer Form: Leicht und aromatisch. Jung und eher kurzer Nachklang, ältere Sorten viel länger.
Ananas, Frucht, Kakao, Schokolade. Viele Rum-Sorten aus Guatemala sind süß (ich erinnere mich gerade an keinen ohne Süße)!

Dominikanischer Rum-Stil

Aus der Dominikanischen Republik stammt häufig sehr schwerer, lieblicher Rum mit Noten von Rauch, wie sie typisch aus Kuba sind. Diese Holzkohlerauchnote ist etwas dezenter entwickelt, als das kubanische Vorbild.

Oft befindet sich auf den Flaschen aus der Dominikanischen Republik eine Kennzeichnung, die besagt: Cuban Style Rum. Also Rum nach kubanischer Art. Viele Hersteller aus der Dominikanischen Republik stammen ursprünglich aus Kuba. Und die Werbewirksamkeit von Rum aus Kuba ist noch heute sehr wertvoll, selbst dann, wenn es gar kein Rum aus Kuba ist!

Ron Brugal und Ron Barcelo sind bekanntere Marken aus der Dominikanischen Republik. Sie produzieren vor allem einfachen, nicht sehr alten Rum. Dieser Rum ist trockener und passt gut in Longdrinks und Cocktails. Edler Premium-Rum aus der Dominikanischen Republik hingegen ist schwer, lieblich und für den europäischen, süßen Gaumen gemacht. Auffallend sind Noten von Bitterorange in diesen Rum-Sorten. Unbedingt für Einsteiger geeignet! Ron Quorhum 12 oder 15 und Ron Esclavo 12 sind unbedingt auszuprobieren!

Merkmale in kurzer Form: Junge Rums sind leicht. Edle Rums sind schwer, lieblich und höchst aromatisch. Kakao, Schokolade, Rosine, bittere Orangenschale. Zarte Rauchnote im Hintergrund. Als Dessert-Rum schon recht oft sehr lieblich!

Vielseitigkeit von Rum

Inzwischen haben wir ganz viele Komponenten kennengelernt. Zuckerrohr, Fass, Land, und vieles mehr. Ganz viele Möglichkeiten, die einen Einfluss auf den Geschmack haben. Unglaublich oder?

Rum ist wirklich verdammt vielseitig. Auf der Welt existieren etwa 16.000 verschiedene Rum-Sorten. Natürlich zählen da auch die einfachen Rums mit dazu. Dennoch ist dies eine erstaunliche Anzahl. Vor Kurzem habe ich einmal die Sorten überschlagen, die wir bereits probiert haben. Ich bin bei über 500! Rums gelandet. Das finde ich schon beachtlich.
Es existieren aber ganz sicher Menschen, die noch mehr Vielfalt genießen durften. Und egal was wir so schreiben, es gibt immer jemanden, der mehr Ahnung von dem Thema hat. Wir sind nicht allwissend!

Begriffserklärungen für Einsteiger

Rum Blend

Das Wort Blend stammt aus dem Englischen und bedeutet „Mischung“.
Viele Rum-Sorten sind Blends. Also Mischungen aus unterschiedlichen Rums, die letztlich gemeinsam ein Ganzes ergeben und einen tollen Rum ausmachen (können). Dabei kann es sich sogar um Rum-Sorten verschiedenen Alters handeln. Allerdings muss bei Nennung eines Alters auch der jüngste beteiligte Rum genannt werden.
Ein El Dorado 12 Jahre Rum ist ein Blend und jeder einzelne Tropfen ist mindestens 12 Jahre alt. Es dürfen auch ältere beteiligt sein, nur werden die eben nicht benannt. Im Englischen heißt es „Years“ und aus dem Spanischen finden wir nicht selten die Bezeichnung „Anos“.

Warum blenden Rum-Hersteller überhaupt?

Viele Genießer (zumindest Rum-Einsteiger) fordern von ihrem Rum, dass er a) sehr harmonisch ist und b) morgen, wie gestern und heute schmeckt. Diese Bedingungen erzielt der Hersteller am ehesten, wenn er verschiedene Rums miteinander vermischt. So fallen Extreme raus und die Mitte wird hervorgekehrt. Er wirkt so viel ausgeglichener und milder. Und er kann ihn erneut produzieren, weil die Randgeschmäcker einfach nicht so stark ins Gewicht fallen.
Die Teile eines Rum Blends können unterschiedlichen Alters sein (das wissen wir schon). Aber auch aus unterschiedlichen Ländern stammen (das ergibt teilweise sehr interessante Kombinationen). Der Dos Maderas 5+5 PX Rum besteht z.B. zur Hälfte aus Barbados-Rum und zur anderen Hälfte aus Guyana-Rum. Dann kann ein Rum auch noch unterschiedlich destilliert werden und so schwere und leichte

Charaktere (Pott-Still & Column-Still) miteinander verbinden. Das ist z.B. beim bereits genannten Ron Botucal Reserva Exclusiva so: 80% Pott-Still, 20% Column-Still. Sogar unterschiedlicher Geschmacksausbau der verschiedenen Teilmengen in differenzierten Holz-Fässern ist möglich z.B. Sherry, Bourbon, Portwein und/oder Cognac (wird aber eher selten durchgeführt, da auch sehr teuer), um erst am Ende (der gesamten Lagerzeit) miteinander vermischt zu werden. Ein Meister-Blender eines Rum-Herstellers hat keinen leichten Stand!

Diese Rum-Sorten tragen überwiegend die englische Bezeichnung „Rum" und entspringen geschmacklich auch den Vorlieben der Engländer. Schwer im Mund, häufig recht süß und von ausgeglichenem Charakter mit einigen Eigenheiten.

Ein Rum-Blend eignet sich besonders für leicht fortgeschrittene Rumgenießer. Wer aus dem schottischen Whisky Bereich kommt (Speyside, Highlands, Lowlands oder gar irische Whiskeys zum Beispiel) ist mit dieser Art Rum ebenfalls ganz gut beraten.

Solera Blend (Solera Verfahren/Solera System)

Unterm Strich ist ein Solera Rum letztlich auch „nur" ein Blend. Aber ein ganz besonderer. Hier werden verschiedene Altersstufen eines Rums miteinander vermengt, um dann gemeinsam in Holzfässern zu reifen. Immer wieder werden dann in regelmäßigen Abständen Teilmengen entnommen, in Flaschen abgefüllt und verkauft und die Fehlmenge mit jungem Rum aufgefüllt. Durch diese „Rotation" ist jeder Rum irgendwann der älteste.

Auf vielen Flaschen die Rum beinhalten, der nach der Solera Methode gereift wurde, befindet sich auch eine Jahreszahl. Anders als Sie glauben könnten, handelt es sich aber nicht um das Mindestalter! Es bezeichnet, im Gegenteil, den ältesten in der Flasche befindlichen Rum. Als Einsteiger führt das häufig dazu, dass gedacht wird, der ist mindestens so alt und noch im Jahr 2011 war das Gang und Gäbe, den Kunden diesbezüglich zu „veralbern". Auf einer Flasche stehen zu haben „23 Jahre alt" macht etwas her, bei einem „23 Solera" wird es schon etwas „entwertet". Die magische Kraft der Zahlen!

Aber noch einmal zurück zum Solera-System. Ich möchte versuchen dies mit ganz einfachen Worten (und wieder reduziert und bildlich) zu erklären. Stellen Sie sich drei Fässer vor. In einem lagert 5 jähriger Rum, im nächsten 10jähriger und im letzten 15jähriger. Beim ältesten Fass lassen wir 1/3 der Menge ablaufen und füllen die Lücke mit dem 10jährigen Rum auf. Die so entstandene Lücke im 10jährigen Rum füllen wir mit dem 5jährigen Rum auf. In das Fass des 5jährigen Rum kommt nun frischer Rum hinzu. Jetzt reifen alle Fässer 5 Jahre und sind somit auch älter geworden. Dieser Rum würde, abgefüllt, als Solera 20 bezeichnet werden. Aber nur Teile davon sind wirklich 20 Jahre alt.

Das Solera-System stammt aus dem Bereich der spanischen Brandy-Lagerung (begrifflich geschützter spanischer Weinbrand) und wurde für die Lagerung von exquisitem Rum „adaptiert". Mit zunehmendem Erfolg.

Was ist der große Vorteil vom Solera-System?

Bereits ein Rum-Blend bietet Ausgeglichenheit und über lange Zeit den selben Geschmack. Das, was der Europäer und auch der Amerikaner meistens verlangt, wenn er einen Rum kauft. Das er morgen so schmeckt, wie heute und auch gestern schon! Das Solera-System sorgt für noch mehr „Gleichheit". Es sorgt für noch mehr „Milde" und es sorgt für noch weniger Randgeschmäcker. Solera-Rum-Sorten gehören deshalb zu den mildesten, ausgeglichensten und harmonischsten Rum-Sorten auf dem Weltmarkt. Gerade Einsteiger können sich damit besonders gut anfreunden. Rum-Marken, die mit dem spanischen „Ron" bezeichnet werden, sind oftmals im Solera System hergestellt (z.B. Ron Zacapa, Ron Botucal).

Der große Nachteil des Solera-Prinzips ist der Aufwand, den der Hersteller dafür betreiben muss. Er braucht viele Fässer, er braucht viel Platz und er braucht viel Zeit, um die Rum-Sorten miteinander zu vermählen und im stetigen Fluss auszutauschen, damit der Rum am Ende das gewünschte Resultat erzielt. Und wie immer kostet Zeit Geld.

Etwas schade ist es, dass an der Altersbezeichnung im Solera-System das kleinste Alter nicht zu erkennen ist. In der Theorie könnte ein Rum zu 2% aus einem 20jährigen Rum bestehen und zu 98% aus einem 5jährigen Rum. Und trotzdem würde auch bei einem Rum, der das im Verhältnis 98% (20 Jahre) und 2% (5 Jahre) macht, also genau anders herum, ebenso Solera 20 drauf stehen können. Tatsächlich aber wollen natürlich alle ihren Rum verkaufen und geben sich schon erhebliche Mühe (nehme ich an). Der Geschmack entscheidet dann, welcher der beiden Möglichkeiten vom Rum-Liebhaber gemocht wird und welcher nicht. Schlechte Qualität disqualifiziert sich dabei selbst!

Single Cask Rum

Neben den Rum-Mischungen existieren die eher selten vorkommenden Single Cask Rum-Sorten. Ein „Ein-Fass-Rum" stammt aus einem einzigen Fass und ist so gereift, wie er eben gereift ist. Er wird nicht aus vielen verschiedenen Rum-Sorten gemischt, sondern nur der Inhalt dieses einen Fasses kommt in die Flasche. Ein solcher Rum ist sehr viel ausdrucksstärker, als ein Blend. Mehr Eigenheiten, mehr Randgeschmäcker und sehr interessant. Häufig viele Male auch weniger mild, als ein Blend.

Vor allem fortgeschrittene Rum-Liebhaber erfreuen sich an einem Single Cask Rum. Genießer, die sich an torfigen Single Malts aus Schottland erfreuen, könnten hier ebenfalls Gefallen daran finden. Einsteigern hingegen sei diese Art Rum zu Beginn überhaupt nicht ans Herz gelegt. Er könnte überfordernd wirken und dazu beitragen, Rum nicht zu mögen (Ausnahmen bestätigen natürlich auch hier die Regel).

Offizielle Rum Bezeichnungen

Original Rum

Rum mit dieser Bezeichnung wird von uns importiert und danach vertrieben. Er hat seine ursprüngliche Alkoholstärke während des Imports und nach dem Verkauf. Das kann schon einmal bis zu 74%Vol. hinauf gehen.

Echter Rum

So nennt sich der Rum, den wir für gewöhnlich als Premium-Rum bezeichnen und pur trinken oder als Mix-Bestandteil verwenden. Importierte Rums mit verminderter Alkoholstärke. Dies geschieht durch die Vermischung mit Wasser. Dennoch beträgt sein Alkoholvolumen mindestens 37,5%.

Flavored Rum

Bei dieser Bezeichnung handelt es sich um aromatisierten Rum. Entweder auf natürlichem Wege oder mit künstlichen Aromastoffen versetzt. Fällt der Alkoholgehalt des Rums unter 37,5%Vol., dann entfällt die Bezeichnung Rum. Ersetzt wird sie dann häufig mit Spirituose oder Likör auf Rum-Basis. Für letztere Version ist vor allem der Captain Morgan Spiced Gold bekannt!

Overproof Rum

Dieser Rum hat ein Alkoholvolumen von mindesten 57,15%Vol. In der Vergangenheit wurde von den Seeleuten der Lunten-Test gemacht. Lunte in den Rum tauchen, anzünden. Wenn es brennt, ist es Overproof Rum (bitte nicht ausprobieren)!

Flensburger Rum oder Rum Verschnitt

Dies ist vielen Menschen bekannt. Hansen, Pott, Balle und Asmussen Rum gehören zum Beispiel dazu. Hier wird ein originaler, brauner Rum mit Neutral-Alkohol und Wasser vermischt. Am Ende kommt ein Flensburger Rum dabei heraus, mit mindestens 37,5%Vol. und mindestens 5% Rum-Anteil. Häufig wird hier ein Jamaikaner als Grundlage verwendet. Dieser Umstand führte im Prinzip zu dem bekanntesten Rum-Geschmack!

Kunst-Rum (oder in Österreich: Inländer-Rum)

Mindestens 38%Vol. bringt ein solches Fabrikat auf die Waage. Stroh 60 und 80 sind sehr bekannte Vertreter dieser Art. Die geschmackliche Qualität ist unserer Meinung nicht mit echtem Rum zu vergleichen.

Rum als Lebensstil

Genuss hat etwas mit Ruhe zu tun,
mit einer Belohnung für sich selbst

(F. Redlich)

Tres Hombres und Schokolade

Genuss erleben

Um einen guten Rum richtig genießen zu können, gehört etwas Vorbereitung und Geduld. Die erste Handlung bei einem (Einsteiger) Tasting besteht daraus, den Gästen zu verdeutlichen, wie Genuss „funktionieren“ kann (nicht muss).

Genuss hat etwas mit Ruhe zu tun, mit einer Belohnung für sich selbst. Genuss ist fernab vom Wirkungstrinken eine entspannte, zeitaufwändige Sache. Weniger ist mehr und sich Zeit nehmen oberste Priorität. Sie kennen das vermutlich aus einem Sommerurlaub, haben dort z.B. einen Wein getrunken und sind einfach nur begeistert.

Eine Flasche von diesem Tropfen mit nach Hause genommen und dort getrunken. Dabei gedacht: „Was genau fand ich jetzt so klasse daran?“ Der Wein schmeckt nicht halb so gut, wie im Urlaub. Verdammt!

Dieses Ergebnis ist in erster Linie zwei Umständen geschuldet. Der erste Umstand ist die Ruhe und Ausgeglichenheit. Wer in Ruhe genießt, ausgeruht ist und keinen Stress empfindet, hat da einfach die Nase vorn.
„Hektisch übern Ecktisch“ ist nicht mit ausführlichem Genuss zu vereinbaren. Während im Urlaub diese Dinge als gegeben anzunehmen sind (sonst hätte der Wein nicht so gut geschmeckt), ist es in den eigenen vier Wänden etwas schwieriger. Zuerst gilt es also, diesen Zustand herbeizuführen. Lassen Sie den Genuss von Rum (oder anderen Herrlichkeiten) in Ruhe angehen. Schrauben Sie Ihre Erwartungen zurück. Nehmen Sie sich Zeit, fahren Sie runter. Sie werden merken, das ist wunderbar! Es erlaubt Ihnen die Dinge viel intensiver und ausführlicher zu erleben.

Der zweite Umstand ist die eigene Körpertemperatur und Behaglichkeit. In einem Sommerurlaub ist der Körper häufig mit Wärme „aufgeladen“. Ein Wein in Italien, ein Rum in Nicaragua, ein Brandy in Spanien schmeckt da einfach richtig lecker. Laden Sie Ihren Körper auch in den trauten vier Wänden mit „Hitze“ auf. Werfen Sie den Kamin an, baden Sie heiß, setzen

Sie sich auf die sonnenbestrahlte Terrasse. Tun Sie ein paar Dinge, die Ihrem Körper Wärme zuführen (und so für Entspannung sorgen). Einfach einmal ausprobieren und hinterher urteilen!

Jetzt haben Sie die beiden Umstände kennengelernt, die für hohen Genuss sehr zuträglich sind. Wiederholen Sie nun das Experiment mit dem Wein aus dem Urlaub. Und ich verspreche, der Geschmack (und die Empfindung) kommt dem aus dem Urlaub schon recht nahe!

Das richtige Glas

Zum Genuss gehört Ruhe und Entspannung (das haben wir bereits gehört). Und natürlich das „richtige" Glas. Doch was ist das richtige Glas? Da gibt es sicher viele verschiedene Meinungen und unsere ist nur eine davon.

Kein Glas ist besser, als jenes, mit dem Sie sich einfach wohlfühlen. Es wurde bereits über Wohlbefinden erzählt. Das will ich nicht über den Haufen werfen. Wenn Sie sich mit einem Glas gut fühlen, dann nehmen Sie dieses Glas. Wenn Sie sich mit einem Glas nicht wohl fühlen, so lassen Sie die Finger von diesem Glas. Ganz einfach!

Die Physik des Glases darf eine Rolle spielen. Es sollte unten bauchig sein und sich nach oben hin verjüngen. Der eingeschenkte Rum hat eine größere Oberfläche, als die Öffnung zeigt. So müssen die aufsteigenden Aromen gleichzeitig durch diese schmale Öffnung und rücken dichter zusammen. Für uns Genießer ist es dann leichter, sie zu riechen. Und das Aroma trägt einen gehörigen Teil zu unserem Genuss bei.

Rum Tumbler

Mit Stiel oder doch lieber ohne? Auch hier tauchen wir ein wenig in die Empfindung ein. Wenn wir am Esstisch sitzen und einen guten Rum genießen, dann bietet sich ein Glas mit Stiel an. Es erzeugt ein Gefühl von Eleganz und Erhabenheit. Sitzen wir z.B. hingegen auf der Couch mit gerade einmal einem kniehohen Abstelltisch (überhaupt wenig Abstellmöglichkeiten), so sind eher Tumbler zu empfehlen. Rum Tumbler haben keinen Stiel und liegen gut in der Hand. Sie sind bauchig und verjüngen sich nach oben. Entscheiden Sie sich für das Glas, mit dem Sie sich an Ihrem Platz am wohlsten fühlen.

Das Glas Ihrer Wahl sollte gut in der Hand liegen. Es sollte recht dünn sein, so dass

Rum-Nosing-Glas

Ihre Hand den Inhalt erwärmen kann (dazu gleich mehr). Es sollte sich anschmiegen, vertraut wirken. Das Gewicht spielt ebenfalls eine Rolle. Nicht zu schwer und nicht zu leicht. Testen Sie Gläser, nehmen Sie sie in die Hand. Fühlen Sie, tasten Sie, erleben Sie. Probieren Sie es mit verschiedenen, auch passt nicht jedes Glas zu jeder Stimmung. Suchen Sie Ihr Glas richtig aus!

Am Ende finden Sie ein oder gar mehrere Gläser für Ihr persönliches Wohlbefinden. Ob Sie sich für ein Nosing-Glas mit Stiel (z.B. Rum&Co Nosing Glas mit Sti(e)l) oder einen Rum Tumbler (z.B. Rum&Co Rum Tumbler) entschieden haben obliegt ganz Ihnen. Es darf genauso das Whisky-Nosing-Glas sein, wie auch Omas Grappa Glas. Es darf das Ballon-Glas für Cognac sein, wie auch das liebe Leonardo-Sektglas „Modella“ (mit Bauch und Verjüngung). Denn Sie müssen das Glas lieb haben!

Die richtige Temperatur

Sämtliche guten Spirituosen (für den puren Genuss) werden allesamt warm genossen. Ob Whisky, Tequila, Cognac, Aquavit, Ouzo und natürlich Rum (uvm) spielt keine Rolle. Sie alle verdienen es, erwärmt zu werden. Aquavit und Ouzo? Jup, auch der Kümmel- und Anisschnaps. Warum das denn? Ich hab diese Schnäpse immer im Gefrierschrank! Tiefkühlpizzas haben wir auch generell im Gefrierschrank. Vor dem Verzehr hingegen packen wir sie in den Ofen und erwärmen sie. Na gut, tiefgefroren essen wir die Pizza nicht, aber stellen Sie sich vor, wir lassen sie auftauen. Und wie schmeckt die aufgetaute und dadurch essbare Tiefkühlpizza dann? Einfach gar nicht lecker, so richtig nach gar nichts. Sie wird erst (richtig) gut, wenn sie die richtige Temperatur im Ofen bekommt. Dann entfaltet Sie Aroma und Geschmack (nebenbei, wenn Sie die nötige Ruhe und keinen Schnupfen haben, können Sie riechen, wann die Pizza fertig ist. Dann, wenn alle Aromen Ihre Nase voll umschmeicheln!).

Genauso funktioniert das mit guten, hochwertigen Spirituosen (im Übrigen auch mit guter Schokolade, Käse, Wurst und anderen Lebensmitteln). Sie offenbaren dem Genießer den vollen Geschmack erst mit guter, richtiger Temperatur. Kälte hingegen sabotiert den vollen Geschmack. Sie „lähmt“ unsere Geschmacksnerven. Na gut, bei einem Jägermeister, Bacardi Superior Blanco oder Dooley´s Toffee mag das gewünscht sein.

Aber diese Spirituosen bezeichne ich auch nicht als besonders hochwertigen Trinkgenuss. Sie fallen nach meinem Empfinden in die Kategorie „Wirkungstrinken mit wenig Geschmack". Da ist eine aufgewärmte Spirituose nicht besonders lecker. Haben Sie schon einmal warmen Jägermeister (eine der am weitesten verbreiteten Spirituose weltweit, selbst in Mexiko können Sie Jägermeister kaufen) probiert? Dieser Umstand unterscheidet gute von weniger guten Spirituosen. Jede gute Spirituose lässt sich nämlich handwarm genießen. Auch gute Liköre tun das!
Wie warm ist denn die „richtige" Temperatur? Das kann nicht genau festgelegt werden. 20 Grad und mehr ist ein guter Anhaltspunkt. Wenn die Spirituose sich nicht mehr von der eigenen Speicheltemperatur unterscheiden kann oder gar noch etwas wärmer ist, dann ist es eine sehr gute Temperatur! Da entsteht richtig viel Aroma und Geschmack. Probieren Sie das doch einfach einmal mit einem guten Aquavit (Linie & Aalborger z.B. sind gute Spirituosen, auch wenn sie im Supermarkt zu kaufen sind) oder einem Ouzo (Nektar Pilavas ist da z.B. zu empfehlen). Sie werden es nicht bereuen!

Die einfachste Form der Erwärmung geschieht mit den eigenen Händen (ich mache so regelmäßig z.B. einen Aquavit im Restaurant warm. Zugegeben, es dauert ein wenig, aber immer wieder lohnenswert). Natürlich funktioniert dies vor allem dann ganz leicht, wenn der eigene Körper mit Hitze aufgeladen ist (so schließt sich ein weiterer Kreis). Gute Spirituosen deshalb bitte z.B. im Wohnzimmer in der Hausbar lagern (21° Celsius und mehr). Die Küche ist dafür häufig schon zu kühl (eher um 17° Celsius). Wer etwas kalte Hände hat, der darf diese gerne aneinander reiben, um etwas Reibungswärme zu erzeugen und diese an das Glas abgeben (ein Glas mit dünner Wand lässt sich einfacher erwärmen, als eines mit dicker Wand).

Plantation Barbados XO Rum im Rum-Nosing-Glas

Eine etwas aufwändigere Form ist die Erwärmung mit warmem Wasser. Das Wasser sollte keine höhere Temperatur als 60° Celsius (etwa die Wassertemperatur einer herkömmlichen Kaffeemaschine) haben. Füllen Sie das warme Wasser in die ausgewählten Gläser für den Rum-Genuss. Warten Sie etwas ab, fühlen Sie die Gläser und wenn sie wärmer als die Hand sind,

Rum Glas-Turm

dann sind sie gut. Warum reicht nicht handwarm? Doch reicht aus, aber wenn wir bereits soviel Aufwand betreiben, darf es auch etwas wärmer sein! Das Wasser auskippen, mit einem Handtuch kurz auswischen und den Rum einschenken. Eine wahre Freude!

Eine dritte Möglichkeit ist der Glas-Turm. Das funktioniert allerdings nur mit Gläsern ohne Stiel, die aufeinander getürmt werden können und einen nicht zu dicken Boden haben. In das untere Glas wird etwa 60° warmes Wasser eingefüllt (nicht zu wenig) und das Glas mit dem Rum oben auf gestellt. Das Wasser im unteren Glas erwärmt nun das obere Glas. Bitte ein wenig üben und immer wieder fühlen, ob das Wasser auch wirklich das obere Glas erwärmt. Es ist sehr sinnvoll, das obere Glas mit dem Rum mit einer Abdeckung (z.B. einen Bierdeckel) zu bedenken. Diese Form der Erwärmung sieht sehr stylisch aus!

Die Nase „genießt“ mit

Unsere Nase ist maßgeblich an dem Geschmack beteiligt, das wissen wir (etwa zu 80%). Wenn wir einen Schnupfen haben oder die Nase „zuhalten“ riechen wir wenig und schmecken genauso wenig. Richtiger Genuss kann deshalb nur stattfinden, wenn unsere Nase gesund und erholt ist.

Vor dem eigentlichen Trinken kommt das ausgiebige „Schnüffeln“. Dazu halten Sie zuerst das Glas schräg, so dass sich die Flüssigkeit Richtung Rand schält (aber natürlich nicht ausläuft). Jetzt drehen Sie das Glas einmal um die eigene Achse, wie eine Betonmischmaschine. Der Rum hat das Glas an jeder Stelle berührt und wenn Sie es wieder senkrecht aufrichten rinnt der Rum in kleinen „Nasen“ nach unten. Nicht wenige Genießer bewerten die „Viskosität“ des Rums, also die Grazie und Geschwindigkeit, in der die „Nasen“ nach unten fließen. Im Anschluss halten Sie Ihre Nase über die Öffnung des Glases. Lassen Sie den Duft auf sich wirken!

Zwei einfache Tricks machen das Erlebnis intensiver. Zum einen können sie mit der freien Hand das Glas abdecken, einen Augenblick verweilen und im besten Fall auf das Beschlagen des Glases warten. Dann entfernen Sie die Hand wieder vom Glasrand und riechen daran. Durch die aufgestaute „Aromendichte" wirkt der Geruch viel kraftvoller, als zuvor. Der zweite Trick ist es, das Glas beim Riechen zu „wedeln". Schwenken Sie das Glas unter der Nase recht zügig hin und her. Warum das? Unsere beiden Nasenflügel nehmen Gerüche unterschiedlich wahr. Genauso, wie unsere Hände für verschiedene Aufgaben unterschiedlich gut geeignet sind. Durch das Schwenken haben beide Nasenlöcher „vollen Zugriff" auf alle Aromenbereiche. Machen Sie den Vergleich!

Oxidation. Reaktion mit dem Sauerstoff in der Luft. Der Rum „arbeitet" mit dem Sauerstoff in der Luft. Je länger Sie den Rum im Glas „stehen" und „atmen" lassen, je milder und sanfter wird er empfunden. Außerdem entfaltet er so sein gesamtes Geschmackspotenzial. Häufig wird erst nach einer Zeit von 10-20 Minuten ein Rum mit allen Aromen auftrumpfen, die in ihm wohnen. Sie können den Rum auch ohne Probleme eine halbe Stunde „ziehen" lassen. Je kräftiger und „sprittiger" Ihnen ein Rum erscheint, desto länger sollten Sie ihn oxidieren lassen. Bei hochwertigen Spirituosen ist eine „gefühlte Sprittigkeit" allerdings häufig ein intensives Aroma, nicht wirklich „Billigsprit". Genießen Sie den Geruch des oxidierten Rums. Machen Sie sich vielleicht sogar Notizen dazu. Sie werden sehen, es werden von Mal zu Mal mehr!

Den Rum trinken

Jetzt sind wir beim Trinken angelangt. Der Rum ist inzwischen schön warm und wir haben ihn ausgiebig „beschnüffelt".

Tatsächlich ist Alkohol Gift für unseren Körper. Wir überreden ihn in der Regel allerdings immer wieder schnell dazu, das Gift weiter zu trinken. Und weil Alkohol eigentlich Gift ist, gerät unser Körper in eine Art „Schockzustand". Er wehrt sich und leitet Gegenmaßnahmen ein. Hört sich das nach Genuss an? Eher nicht. Deshalb ist es eine gute Idee, vor dem wirklichen Genuss eines Rums einen klitzekleinen Schluck Alkohol zu sich zu nehmen. Wirklich nur minimal. Nippen, nur die Zungenspitze benetzen. Das reicht schon aus. Einen kleinen Moment warten (etwa 10 Sekunden

klingt nach einer guten Zeit). Dann einen mittelgroßen Schluck des Rums in den Mund nehmen. Nicht zu wenig, aber auch nicht die „Backen" voll!

Den Rum im Mund behalten. Langsam mit der Zunge hin- und hergehen. Den Rum nach hinten im Mundraum und wieder nach vorne wandern lassen. Den Geschmack wirken lassen. Nach etwa 10 Sekunden ist es Zeit, den Rum zu schlucken. Achten Sie auf die geschmackliche Veränderung oder Wandlung. Wenn der Rum Ihnen zu „scharf" wird, so öffnen Sie den Mund und atmen aus. Dadurch wird es in einem solchen Fall gleich etwas angenehmer. Notieren Sie sich Ihre Eindrücke, wenn Sie möchten. Achten Sie auf die Länge des Nachklangs.

Worauf soll ich achten? In erster Linie einmal, wie Ihnen der gesamte Eindruck des Rums gefällt. Wer es ganz einfach mag, der entscheidet nach mag ich oder mag ich nicht. Wir haben uns mit einem Geschmackssystem vertraut gemacht, das seine Bewertungsstufen in die Zahlenbereiche von 1-5 einteilt. 1 für ganz furchtbar schlecht und 5 für absolute Spitze. Daneben existieren verschiedene Kategorien. Wir nennen sie Süße, Milde, Würze und Frucht. Und eben die Gesamtnote nach selbem Schema. Es ist nicht notwendig solche Notizen zu machen, gerade zu Beginn in der Welt der hochwertigen Spirituosen. Auf der anderen Seite ist das wie mit Fotos. Manchmal ärgert man sich einfach, keine gemacht zu haben. Und so ist das mit dem Geschmacksbild auch. Manchmal ist es einfach schön, sich die Eindrücke notiert zu haben!

Rum zu schmecken ist ein Erlebnis. Die Geschmackseindrücke können sehr intensiv sein. Manchmal ist ein lieblicher Rum der Favorit, manchmal kann es nicht trocken genug sein. Manchmal ist hölzerne Würze erwünscht, manchmal ist es einfach erdrückend viel. Manchmal schmeckt der favorisierte Rum nicht gut. Und ein Rum kann an zwei verschiedenen Tagen ganz anders harmonieren. Sehen Sie das Gesagte als genau das.
Jeder Rum hat seinen Moment! Schenken Sie nicht nur dem „Besten" Ihre Aufmerksamkeit, sondern betrachten Sie jeden einzelnen hochwertigen Rum für sich selbst. Auch Rum-Sorten mit einer 4er Bewertung oder gar „nur" einer 3er Bewertung haben Aufmerksamkeit verdient! Geben Sie jedem Rum eine zweite Chance, falls der erste Eindruck für Sie nicht der beste ist!

Rum und Schokolade

Schokolade kann ein toller Begleiter für Rum sein. Nicht jede Schokolade passt auch wirklich zu jedem Rum. Probieren Sie verschiedene Kakao-Gehalte oder gar weiße Schokolade mit ihren Lieblingen unter den Rum-Sorten aus.

Nehmen Sie ein Stück Schokolade in den Mund und lassen Sie es schmelzen (auch für Schokolade gilt, eine gewisse Wärme ist gut!). Wenn das Stückchen zur Hälfte aufgeweicht ist, dann nehmen Sie einen Schluck Rum dazu. Halten Sie den Rum ebenfalls lange im Mund, spielen mit der Zunge. Und dann schlucken Sie den Rum und die Schokolade runter. Genießen Sie die Vermischung dieser beiden Geschmäcker!

Je „weicher" ein Rum schmeckt, desto eher passt Schokolade mit geringem Kakao-Gehalt dazu. Je charaktervoller und intensiver ein Rum schmeckt, desto eher passt eine Schokolade mit recht hohem Kakao-Gehalt dazu! Daneben können auch andere Geschmacksrichtungen teilweise überzeugen. Hier gilt: experimentieren!

Tres Hombres und Schokolade

Als kleine Einsteigertipps: Probieren Sie das Rum Project One mit einer einfachen, weißen Schokolade. Kombinieren Sie Rum Project Two mit einer dunklen Schokolade von etwa 60% Kakaogehalt. Und testen Sie die Aromenverbindung vom Rum Project Three und Cappuccino-Schokolade.

Viel Vergnügen!

Rum und (Speise)Eis

Eis und Rum passt gut zusammen. Haben Sie das vielleicht selbst bereits festgestellt? Falls ja, prima. Falls nein, probieren Sie folgendes einmal aus. Kaufen Sie sich z.B. drei verschiedene Sorten Eis in Boxen aus dem Supermarkt oder einer anderen Quelle Ihrer Wahl. Selbst machen passt natürlich noch am besten!

Schnappen Sie sich Longdrink-Gläser Ihrer Wahl und einen langen Eislöffel zum Naschen des Kunstwerks. Packen Sie eine Kugel Eis auf den Grund des Glases. Gießen Sie einen passenden Rum (natürlich funktionieren auch viele Liköre) in einer Menge von etwa 2 Esslöffeln darauf. Dann schichten Sie das zweite Eis, addieren wieder einen Rum. Und am Ende noch einmal das dritte Eis und ebenfalls noch einmal einen dritten Rum darüber schenken. Etwas Sahne oder Obst oder beides zum Abschluss oben drauf. Kredenzen Sie diese Kreation Ihren Gästen und Sie werden sehen: Das passt!

Rezept-Tipp: Vanille-Eis mit Angostura 1919 Rum, Schokoladen-Eis mit Pyrat XO Reserve Rum und Stracciatella-Eis mit Legendario Elixir

Rum als Mixer

Rum genießt häufig sein Dasein in einem Rum&Coke. Vermutlich kennt jeder Captain & Coke. Also Captain Morgan Spiced Gold und die weltbekannte Cola. Davon abgesehen, dass Captain Morgan Spiced Gold kein echter Rum ist, sondern eine Würz-Spirituose, sollten Sie zu dieser Form von Longdrinks ein bisschen Abstand gewinnen (falls künstliche Aromen nicht gewünscht sind). Es lohnt sich und Vielfalt mit echtem Geschmack ist hier die Devise. Falls Sie bei Cola bleiben möchten, erweitern Sie Ihre Geschmackswelt z.B. um den Ron Caney 3 Jahre aus Kuba, English Harbour 5 Jahre aus Antigua oder den Cubaney 8 Jahre aus der Dominikanischen Republik.

Fruchtsäfte harmonieren sehr häufig sehr gut mit Rum. An Stelle eines Rum & Coke versuchen Sie einmal einen Rum & Maracuja-Saft! Wer den recht intensiven Geschmack von Maracuja zu kräftig findet, mixt auf die Hälfte mit mildem O-Saft. Und nicht zu viel Kühlung verwenden. Lieber Rum und Saft aus der Küche temperieren und ohne Eis. Statt dessen schneiden Sie eine Orange in Scheiben und lassen diese im Eisfach gefrieren. Die gefrorene Orangenscheibe kommt dann in den Longdrink. Kühlt gut, gibt zusätzlich Stück für Stück Geschmack hinzu und ganz wichtig: Verwässert nicht! Als Empfehlung verwenden Sie hier einmal den Ron Malteco 10 Jahre aus Guatemala.

Cocktail: Pina Colada

Caipirinha. Kennen Sie das? Umrühren bis der ganze Zucker sich aufgelöst hat, weil es sonst nicht trinkbar ist? Tauschen Sie bei der Caipi einmal den Cachaca mit einem El Dorado Dark Rum aus Guyana, gerne auch den älteren 5jährigen (als besonderes Schmankerl). Wer es süßer mag, darf auch den Legendario Elixir de Cuba aus Kuba nehmen. Weitere hochwertige Alternativen: Plantation Original Dark Trinidad Rum oder Mount Gay Black Barrel Rum. Und staunen Sie einmal über diesen Geschmack!

Generieren Sie ganz einfach einen Cocktail, wie z.B. die Pina Colada in richtig lecker. Verwenden Sie den Belmont Estate Coconut Rum, addieren Ananassaft und schütten einen Schuss flüssiger Sahne dazu. Ganz einfach und schnell fertig. Dabei absolut lecker! Aufgepeppt mit einem Schuss Blue Curacao!

Rumbewertungen

Der Bessere ist des Guten Tod.
Man kann des Guten nie zuviel tun!

F. Redlich (Redensarten neu gemischt)

Rumbewertungen

Viele Rum-Sorten aus dem Bereich Premium-Rum sind einzigartige Kreationen und die Meister-Blender versuchen ihre eigenen Ansprüche besonders hochzuschrauben. Jedes Land bietet dabei seine eigene Vielfalt an Geschmack und Tradition.

Rum wird in vielen Ländern produziert, einige sind sehr bekannt dafür, andere Rum-Sorten überraschen mit ihrer Herkunft. Sie alle haben allerdings eins gemein: Es lohnt sich, die verschiedenen Rum-Sorten zu erkunden und sich auf diese Weise auf eine Weltreise der anderen Art zu begeben.

Im Folgenden zeigen wir eine beschränkte Auswahl an Ländern und Rum-Sorten mit Beschreibungen und Geschmackseindrücken. Diese Eindrücke sollen Ihnen helfen, sich eine Orientierung zu verschaffen, sobald Sie die Rum-Reise beginnen.

Anguilla

Anguilla ist nicht gerade der erste Name, der einem durch den Kopf schießt, bei einem Gedanken an leckeren Rum. Das mag vor allem daran liegen, dass auf dieser 91 km² großen Insel gar kein Zuckerrohr angebaut wird. Dennoch hält die Insel für Rum-Liebhaber ganz besondere Tropfen bereit, die weltweit einen hervorragenden Ruf genießen.

Anguilla ist eine Insel in der Karibik, die östlich der Jungferninseln und nördlich von St. Martin liegt. Sie gehört zu den kleinen Antillen und beherbergt ca. 14.000 Einwohner. Die Insel ist stark englisch geprägt, was daran liegt, dass die Insel gemeinsam mit anderen unbewohnten Koralleninseln ein Überseegebiet des Vereinigten Königreichs bildet.

Die Insel ist äußerst flach und niedrig gelegen. Das Klima ist als tropisch zu bezeichnen, jedoch wird es durch östliche Winde etwas gemäßigt und eignet sich daher hervorragend zur Lagerung von Rum, da durch diesen Umstand der „Engelsanteil" (Teil, der der Verdunstung zum Opfer fällt) geringer ausfällt, als unter vollen tropischen Bedingungen!

Auch wenn auf Anguilla kein Zuckerrohr angebaut wird und daher auch keine Destillerien ansässig sind, so stammt beispielsweise mit dem Pyrat ein wirklich guter Rum von der Insel. Verschiedene karibische Rums werden dazu miteinander vermählt und im hervorragenden Klima in Eichenfässern gelagert. So können sich die intensiven Aromen bis zur Vollendung entwickeln.

Pyrat Rum oder auch Planter's Rum

Der weltbekannte und vielfach ausgezeichnete Pyrat-Rum hat seinen Ursprung durch die Planters-Destillerie auf der karibischen Insel Anguilla. Der Geschichte nach hat sich der englische Seemann C. J. Planters zu Ende des 19. Jahrhunderts auf der Insel Anguilla niedergelassen. Er freundete sich mit dem Besitzer einer Zuckerrohrplantage an, fing dort an zu arbeiten und verliebte sich schon bald darauf in die schöne Tochter des Plantagenbesitzers.

Nach dem Tod seines Schwiegervaters erbte C. J. Planters zusammen mit seiner Frau die Plantage und machte sich daran, eine Destillerie aufzubauen. Zusammen mit seiner Schwiegermutter, die auf der Insel als eine Voodoo-Zauberin bekannt war, stellte er einen Rum her, den er nach sich selbst benannte: Planter's Rum. Der Planter's Rum wurde schon bald auch außerhalb der Karibik bekannt und Seefahrer sagten ihm eine Reihe übernatürlicher Wirkungen nach, die wohl mit der Hexen-Tätigkeit der Schwiegermutter zusammenhingen.

Der große Durchbruch gelang mit dem Rum allerdings erst, als 1996 ein Zusammenschluss mit der in Las Vegas ansässigen „The Patrón Spirit Company" stattfand. Dieses Unternehmen gab dem Rum den Namen Pyrat, so wie früher schon einmal ein Blend von Planter's hieß, und steckte viel Zeit und Geld in den Aufbau der Marke. Dass sich diese Investitionen gelohnt haben, zeigt heute die große Bekanntheit des Pyrat Rums, der auch auf internationalen Wettkämpfen mit Auszeichnungen überhäuft wird.

Leider existiert heute keine Destillerie mehr auf Anguilla. Auch die Planters-Destillerie gibt es nicht mehr, bzw. ist sie nur noch als Museum erhalten. Stattdessen gibt es auf der Insel einen Blending- und Lagerbetrieb.
Hier finden sich gelagerte Rums genauso wie frischgebrannte und werden zu dem gemacht, was wir als Pyrat Rum kennen. Das Geheimnis des Rums liegt also vor allem in den eingekauften Rums namhafter Hersteller, der Kunst des richtigen Verschnitts und der langen Reifung in besonderen Fässern unter eben den klimatischen Bedingungen in Anguilla.
Pyrat Rums haben vor allem eine ausgeprägte „Orangennote", die sich deutlich im dominanten Bereich aufhält und viele Genießer verzückt, aber ebenfalls nicht wenige abschreckt. Soweit wir wissen, stammt ein Großteil der Rum-Sorten aus Guyana. Er wird dort eingekauft, in Anguilla verblendet und gelagert, um anschließend wieder dort zurück transportiert und abgefüllt zu werden.

Pyrat XO Reserve Rum

GOLD
4.5

Art:
Melasse. 40%Vol.

Reifung von 2 bis zu 15 Jahre. Blended Rum.
Ehemaliges Bourbonfass und auch französische Limousineiche ist am Reifungsprozess beteiligt. Besteht zum großen Teil aus Demerara Rum (Guyana) und aus anderen, karibischen Sorten. Süßrum.

Notizen:
Stark fruchtig orangig, süß, etwas bitter, Aprikose und vielleicht sogar etwas Tabak. Endet mit Süße, denn Trockenheit. Nachklang mittlere Länge. Erinnert ein bisschen an Triple Sec. Marzipan- und Karamellnoten, süß und schwer. Eindrücke von Vanille, Zimt und etwas Schokolade. Wirkt teilweise sogar etwas likörartig. Fruchtig und leicht herbe Komposition. Der Nachklang wirkt wieder süß und herb zugleich, leichte Würznoten und eine nicht genau definierbare Fruchtnote von Orange, Aprikose und auch Papaya. Der Rum ist zweischneidig, der Genießer entscheidet nicht selten, entweder mögen oder nicht mögen. Dazwischen ist wenig Luft.

Rum&Co bewertet:
Süße ★★★★★
Milde ★★★
Würze ★
Frucht ★★★★½

Fazit:
Polarisierender Rum
mit dominanter Fruchtnote.

Pyrat Cask 1623

PLATIN
5.0

Art:
Melasse. 40%Vol.

Man sagt, er ist mit Teilen von 20 bis zu 40 Jahren Reife gesegnet. Blended Rum. Reift ähnlich wie sein jüngerer Bruder. Nur wesentlich länger. High-Ester-Rum. Süßrum.

Notizen:
Jeder, der einmal Pyrat probiert hat, wird die Andersartigkeit feststellen, die diesen Rumsorten zu eigen ist. Stark fruchtige Orangenschwere gepaart mit vanillinen Tönen. Dazu etwas Grasigkeit, Aromen von braunem Zucker. Die Orangentöne behalten die Oberhand und lassen gelegentlich etwas Holzwürze auftauchen. Aber nicht sehr lange. Intensives, beinahe schon „öliges" Konstrukt. Mächtig, im Antritt recht süß (erinnert an Honig) und im Nachklang mittellang bis lang. Spuren von Tabak offenbaren sich. Könnte gerne noch länger sein, wird in Orange aber gekürzt. Sehr samtiges Gefühl. Im Unterschied zum XO Reserve? Viel mehr Tiefe und gefühlte Reife!

Rum&Co bewertet:

Süße	★★★★
Milde	★★★★
Würze	★★★
Frucht	★★★★

Fazit:
Sehr spezieller Ultra-Premium Rum mit fettem Aroma.

Antigua

Rum aus Antigua ist in Europa nur mäßig bekannt. Antigua blickt dennoch auf eine lange Tradition in der Rum-Herstellung zurück. Die Insel in der Karibik, die ihren Namen dem spanischen Wort für „alt“ verdankt, wurde einst von Christoph Kolumbus entdeckt und später von den Briten besiedelt. Inzwischen ist die Insel unabhängig.
Antigua gehört zu den kleinen Antillen und auf einer Fläche von ca. 180 km^2 wohnen etwa 67.000 Einwohner. Die Insel ist ein Paradies für Touristen, was vor allem an den mehr als 350 Sandstränden liegt, die zu den feinsten auf der ganzen Welt gehören. Das tropische Klima lockt Urlauber aus der ganzen Welt an, die das karibische Flair in vollen Zügen genießen. Im Süden der Insel liegt der English Harbour, ein Hafen der im 18. Jahrhundert der Royal Navy als Kriegshafen diente. Dieser Hafen gehört nicht nur zu den wenigen, die sicher vor den Tropenstürmen sind, sondern er ist auch Namensgeber für den Rum, der auf der Insel hergestellt und von dort aus auch nach Europa exportiert wird.

Das tropische Klima auf der Insel schafft ideale Anbaubedingungen für Zuckerrohr und kommt auch der Rumherstellung zugute. Die begann übrigens schon Anfang des 19. Jahrhunderts mit vielen kleinen Destillerien. Sie verkauften ihr Destillat eher schlecht als recht, bis sich viele der kleineren Destillerien zusammenschlossen und gemeinsam an der Herstellung des Rums arbeiteten.
Übrigens: Eine der Sehenswürdigkeiten der Insel ist Betty's Hope. Diese Zuckerrohrplantage, die aus dem 17. Jahrhundert stammt und von seinem Besitzer Christopher Codrington nach seiner Tochter Betty benannt wurde, erinnert noch heute mit zwei Windmühlen und Ruinen der Brennerei an den einstigen Reichtum.

Antigua Distillery Limited

Im Jahr 1932 schloss sich eine Gruppe portugiesischer Kaufleute zusammen und gründete auf Antigua die „Antigua Distillery Limited“. Mit einigen alten Brennapparaten aus dem vorherigen Jahrhundert betrieben sie am Rande von St. John's ihre damals noch kleine Brennerei. Die Kaufleute erweiterten ihren Besitz schon bald und kauften noch eine Zuckerfabrik und verschiedene Zulieferbetriebe dazu, um die Versorgung der Destillerie mit Melasse zu sichern.

Der Zweite Weltkrieg machte den Handel mit Rum, Zucker und anderen Waren jedoch so gut wie unmöglich und so blieb den Portugiesen nichts anderes übrig, als die Zuckerfabrik zu schließen. Auch der Zuckerrohranbau nahm bald ein Ende und so war man ab 1970 dazu gezwungen, Melasse aus anderen Ländern einzukaufen. Die Melasse durchläuft dann in der Destillerie den Gärungsprozess und wird schließlich im Column Still weiterverarbeitet.

Abhängig davon, in welcher Säule der Rum nach der Kondensation aufgefangen wird, ist er auf 70 bis 80 Prozent Alkoholgehalt herabgesetzt, wenn er zur Reifung kommt. Der Rum wird in der Antigua Distillery Limited ausschließlich in ausgebrannten Eichenfässern mit 200 Liter Fassungsvermögen gereift (Bourbon-Fässer). Das dortige Klima auf Antigua wirkt sich positiv auf die Reifung aus. Das fast schon wüstenähnliche Klima sorgt für einen hohen Grad der Verdunstung und so entsteht beinahe ein sanfter „aged Rum".

English Harbour Rum Reserve 10 Jahre

PLATIN 5.0

Art:
Melasse. 40%Vol.

10 Jahre Reifung. Blended Rum.
Reift in ehemaligen Bourbon-Fässern aus den USA mit ausschließlich 200 Litern Fassungsvermögen.
Ganz leichter Süßrum.

Notizen:
Melasse und Schokolade sehr dunkler Machart. Toffee und Karamell, auch Kaffee. Rosinen-Noten gefolgt von etwas Leder, Tabak und Marzipan, sowie Rauchnoten und Kardamom-Schärfe. Spuren von Apfel. Schwergängige Struktur, ölig. Tief und gediegen. Sehr langer Nachklang. Eiche. Erinnert zum Teil an Guyana Rum, zum Teil an die Dominikanische Republik (ohne heftige Süße). Für sein Alter schon etwas teuer, für seinen Geschmack nicht. Eher nicht für Einsteiger geeignet.

Rum&Co bewertet:
Süße ½★
Milde ★★★★
Würze ★★★★
Frucht ★★★

Fazit:
Virtuoser Rum.

English Harbour Rum 5 Jahre

GOLD 4.0

Art: Melasse. 40%Vol.
5 Jahre Reifung. Blended Rum.

Der kleine Bruder vom fantastischen Reserve. Hat zahlreiche Auszeichnungen erhalten. Kein Süßrum.

Notizen: Melasse, dunkles Karamell und Vanille. Wenig Frucht, wenn, dann dunkle Beeren und Rosinen im Hintergrund. Zimtspuren. Leichter alkoholischer Biss vorhanden, aber wo soll bei der Reifezeit auch eine intensive Milde herkommen? Nelke. Pfeffer. Viel dunkle Schokolade. Etwas Kokos, vielleicht sogar etwas Banane. Der Nachklang ist recht weich, unterschwellig fruchtig und mittellang. Pures Vergnügen und exzellenter Mixer für alle Cocktails mit Sahne u.ä.

Rum&Co bewertet:
Süße ★
Milde ★ ★ ★
Würze ★ ★ ★
Frucht ★ ★

Fazit:
Unglaublich guter JUNGER Rum.

English Harbour 25 Jahre Distilled 1981

PLATIN 5.0

Art: Melasse. 40Vol.
25 Jahre Reifung. Blended Rum.

Reifte für 25 Jahre in Whiskey-Fässern aus Weißeiche, hier Ex-Jack Daniels Fässer.
Luxus Rum. Die Destillerie sagt, dass sie nicht in der Lage sein werden, diesen Rum noch einmal herzustellen. Genießen bis zum „bitteren" Ende, lautet die Devise. Minimaler Süßrum.

Notizen: Samtiger Karamell und feine Milchschokolade verschmelzen mit Mandelaromen. Trockenpflaume und Rosine geben eine leichte, fruchtige Note und werden durch Vanille hervorgehoben. Die Würze erinnert an Nelke und Pfeffer, brilliert aber mit einer sehr sanften Art. Warm, voll und ausbalanciert. Der Eindruck von ein wenig Süße ist sanft, aber vorhanden und untermalt den ganzen Rum sehr genial. Sowohl die Geruchsaromen, als auch die Geschmacksaromen sind glücklich miteinander verheiratet. Niemand sticht den anderen aus oder wirft einem nur verheißungsvolle Blicke zu. Wahnsinnig langer Ausklang der Aromen im Finish, der schwach auch an Zimt erinnert.

Rum&Co bewertet:
Süße ★ ½★
Milde ★ ★ ★ ★
Würze ★ ★ ★ ★
Frucht ★ ★ ★

Fazit:
Rum-Nektar!

Barbados

Barbados ist die östlichste der Karibischen Inseln und gilt als die Geburtsstätte des Rums. Und das nicht ohne Grund, denn was für die Franzosen der Wein und für die Deutschen das Bier ist, ist für den Bajan, so werden die Bewohner von Barbados genannt, der Rum. Das flüssige Gold von Barbados, wie der Rum dort gern bezeichnet wird, wurde dort schon vor über 370 Jahren aus Zuckerrohr gebrannt. Die Zuckerrohrpflanze, die von Kolumbus in die Karibik gebracht wurde, gedieh aufgrund der klimatischen Verhältnisse bestens und so wurde schon zu Mitte des 17. Jahrhunderts mit der Rum-Produktion auf Barbados begonnen.

Wie schon erwähnt, wird Barbados als die Geburtsstätte des Rums bezeichnet. So war es aber nicht von Anfang an. Genauer gesagt erkämpfte sich die Insel diese Anerkennung erst zu Beginn des 18. Jahrhunderts, als die Destillerie Mount Gay ihren ersten Rum in Flaschen abfüllte. Mount Gay ist im Übrigen auch die älteste Rum-Marke der Welt; ein Titel, auf den man auf Barbados sehr stolz ist. Neben Mount Gay können auch die Destillerien wie Foursquare und Doorly´s auf eine lange Tradition zurück blicken.

Für den Siegeszug des Rums waren auch auf Barbados vor allem die Seefahrer und die Soldaten verantwortlich, die auf der Insel Kolonien aufbauten. Captain Thomas Walduck schrieb rund 100 Jahre nach der Erfindung des Rums in seinem Logbuch: In allen neuen Kolonien bauen die Spanier zuerst eine Kirche, die Holländer errichten ein Fort. Das erste was allerdings die Engländer tun, ganz gleich wo auf der Welt sie eine Kolonie aufbauen, ist eine Taverne zu eröffnen. Im Gegensatz zu den Nachbarinseln wird auf Barbados nur selten starker Overproof Rum getrunken. Stattdessen tendieren die Bajans eher zu lange gereiften Rums, die auch gern sehr geschmacksintensiv sein dürfen.

Barbados gehört zu den urtümlichen Ländern des Rums. Viel Aroma, viel Geschmack. Meistens jedoch ohne Zucker. Dadurch wirken sie in der ersten Annäherung eher fremdartig, erst in weiteren Kontakt mit dem Genießer erkennt dieser die Perle „Barbados Rum“.

Mount Gay

Die Mount Gay Distilleries Limited auf Barbados blickt nicht nur auf eine lange Geschichte zurück, sondern ist viel mehr die älteste, noch existierende Rum-Produktion der Welt. Ein Titel, auf den die Produzenten zu Recht sehr stolz sind - auf dem man sich allerdings auch nicht ausruhen kann. Der Rum wird derzeit in über 60 Länder weltweit verkauft, wobei jedoch die USA den größten Absatzmarkt bildet.

Die Ursprünge der Mount Gay Destillerie liegen im Jahr 1667, als die ersten Brennkessel in Betrieb genommen wurden. Zur damaligen Zeit wurden auf der Landerhebung mit Namen Mount Gilboa auf der Insel Barbados von mehreren Privatpersonen Zuckerrohr angebaut. William Standiford kaufte um 1700 die bestehenden Einzelplantagen auf und fasste sie zu einem großen Stück Land zusammen. Und obwohl schon seit mehr als 30 Jahren an diesem Ort Rum hergestellt wurde, gilt das Jahr 1703 als offizielles Entstehungsjahr des Mount Gay Rums.

Im Jahr 1747 erwarb John Sober die große Mount Gilboa Plantage und mit ihr die Destillerie. Sober verbrachte die meiste Zeit gemeinsam mit seinem Sohn in England und bat so seinen Freund Sir John Gay Alleyne, die Führung des Unternehmens zu übernehmen. Sir John Gay Alleyne war ein versierter Geschäftsmann und arbeitete sich unermüdlich in die Herstellung des Rums ein. Er verfeinerte die Destillation und stellte somit einen hervorragenden Rum her, den wir heute unter dem Namen Mount Gay kennen.

Zu ihrem Namen kam die Destillerie übrigens durch John Sobers Sohn. Als Sir John Gay Alleyne zu Anfang des 19. Jahrhunderts starb, wollte sein Sohn den Freund seines Vaters ehren und beschloss, die Plantage und Destillerie nach ihm zu benennen. Da der Name Mount Alleyne schon bestand, hieß die Plantage fortan Mount Gay.

Seit 1989 gehört die Mount Gay Distilleries Ltd. zum internationalen Spirituosenkonzern Rémi Cointreau.

Mount Gay Rum XO (Extra Old)

PLATIN 5.0

Art:
Melasse. 43%Vol.

Zwischen 12 - 17 Jahre gereift. Blended Rum.
Reifung des Rums in ehemaligen Bourbon-Fässern aus Weißeiche. Kein Süßrum.

Notizen:
Eiche und Vanille paaren sich, werden von feinen Rauchnoten untermalt und deuten Nussigkeit an. Dazu Nelken- und Muskattöne. Eher leicht und trocken, denn schwer und süß. Grüne Banane. Abgerundet und tief.
Schöne Fruchtnoten ohne aufdringlich zu wirken. Hat Charakter. Wirkt stets eher leicht und trocken, als schwer und mächtig. Mächtig allerdings ist das gefühlte Volumen des Rums. Seine 43%Vol. tun ihm richtig gut. Fordernd. Durch seine fehlende Süße und seine aromatische Konzentration eher nicht für Rum-Einsteiger geeignet.

Rum&Co bewertet:
Süße ½★
Milde ★★★½
Würze ★★★★
Frucht ★★★

Fazit:
Drei Flaschen Rum mit in den Himmel?
Der Mount Gay XO ist dabei!

Mount Gay Rum 1703 Old Cask Selection

PLATIN 5.0

Art: Melasse. 43%Vol.
10 - 30 Jahre. Blended Rum.

Vierundvierzig verschiedene Rumsorten (Blends) werden in diesem Rum miteinander vermählt. Einzel- (Coffrey Column Still) und Doppeldestillation (Copper Pot Still). Kein Süßrum.

Notizen: (Trockene) Toffeekaramell-Noten mit feiner Würze untermalt und Spuren von Holzkohle, die glimmend direkt vom Grill in die Nase zieht und die Geschmacksnerven belegt. Dazu Muskat und Ingwereindrücke. Frisch geröstete Pfefferkörner am Horizont, der Rum wirkt trocken, mit leichten Früchten (Birne, Apfel, Kirsche, Banane?) aufgepeppt. Sowas von delikat. Kakaoeindrücke.
Komplex. Viel Volumen. Gigantisch.
Langes, spannendes Finish mit Rauchelementen, Pfefferspuren und einem etwas bitteren Eindruck unter einem Hauch Ledrigkeit. Die 43%Vol. stehen ihm ausgesprochen gut. Absolut kein Einsteigerrum. Viel, viel Zeit lassen.

Rum&Co bewertet:
Süße ½★
Milde ★★★½
Würze ★★★★
Frucht ★★★

Fazit: Gigantenrum.
Seine Trockenheit gefällt nicht jedem.

Mount Gay Rum 1703 Black Barrel

GOLD 4.0

Art: Melasse. 43%Vol.
Zwischen 8 - 12 Jahren Reifung.

Blended Rum. Der Black Barrel erhielt ein Extra-Finish in extra ausgebrannten Eichenfässern. Doppelt hält einfach besser. Kein Süßrum.

Notizen: Wirkt sehr trocken und bietet leichte Fruchtnoten von Aprikose und vielleicht auch etwas Pfirsich.
Daneben punktet er mit einer schönen, üppigen Würze, Pfeffertönen, Holzkohlearomen und Vanillespuren. Er wirkt ganz und gar nicht mild, sondern sehr charaktervoll.
Durch sein (im Schnitt) 10jähriges Alter ist er ohne weiteres pur genießbar und stellt quasi den Einstieg in die großartigen Mount Gay Rum-Sorten dar, die pur genossen werden sollten.

Rum&Co bewertet:
Süße ★
Milde ★★
Würze ★★★★
Frucht ★★★½

Fazit:
Stürmisch!

Mount Gay Rum Eclipse

SILBER 3.5

Art:
Melasse. 40%Vol.

Rumteile sind bis zu 10 Jahre alt. Blended Rum.
Reifte in ehemaligen Bourbon-Fässern; es dürften sich nicht allzu viele Teile 10jähriger Rum darin befinden. Kein Süßrum.

Notizen:
Eher leicht grasig und floral, vermengt mit fruchtigen Spuren (Banane, Aprikose) und etwas Vanille. Ansprechender, ansteigendes Finish. Rauchnoten. Noch recht grantig und eher Mischcharakter, als purer Genuss.
Trockene Elemente, nicht besonders süß. Funktioniert wunderbar im Longdrink durch additive Süße von z.B. Cola & Fruchtsaft.

Rum&Co bewertet:
Süße ★
Milde ★ ★
Würze ★ ★ ★ ½
Frucht ★ ★

Fazit:
Jung und Wild!

Costa Rica

Costa Rica ist das Wunschziel vieler, die den Alltag hinter sich lassen und einfach aussteigen möchten. Kein Wunder, denn das Land, das an Nicaragua und Panama grenzt und seitlich von der Karibik und dem Pazifik eingerahmt wird, hat seinen Besuchern und natürlich auch den Einwohnern viel zu bieten. Der Name Costa Rica stammt aus dem Spanischen und steht für Reiche Küste. Reich ist das Land vor allem an Regenwald, die Öko-Politik, die Costa Rica verfolgt, sieht den Schutz der verbliebenen Waldbestände als oberste Priorität an. Diesen Gedanken setzt das Land konsequent um und so wird auch der Öko-Tourismus sehr großgeschrieben.
Neben dem Tourismus ist die Landwirtschaft die zweite große Einnahmequelle des Landes. Costa Rica ist beispielsweise bekannt für seinen Kaffee und auch Bananen gehören zu den Export-Schlagern. Der Anbau von Zuckerrohr spielt hingegen nur eine Nebenrolle und die Bedeutung des Anbaus wird leider auch für die Wirtschaft immer geringer. Nichts desto trotz kommen hervorragende Rums aus diesem Land.

Centenario Internacional S.A.

Rum ist eine Spirituose, die auf eine lange Geschichte zurückblickt und die auch eine Rolle in vielen Legenden spielt - das wissen wir alle. Viele Rum-Produzenten blicken selbst auf eine lange Tradition zurück und nutzen ihre Geschichte auch gern für das Marketing.
Bei Centenario Internacional S.A. ist das anders. Der Hersteller des beliebten Ron Centenario hält sich sehr bedeckt, was die Geschichte des eigenen Rums angeht und auch über die Menschen hinter dem Label erfährt man nichts. Das macht den Rum noch geheimnisvoller und für seine Genießer interessanter.

Die Firma hinter dem Produkt Ron Centenario ist in Costa Rica eines der erfolgreichsten Unternehmen überhaupt. Und das Unternehmen nimmt seine Tradition sehr ernst. So wird beispielsweise das Zuckerrohr noch immer im Sommer von Hand geerntet. Dieser wird mit Hilfe von Hefe fermentiert und einer mehrfachen Destillation nach traditionellem Verfahren unterzogen. Das sorgfältig gewonnene Herzstück des Destillats darf anschließend, je nach Sorte, für einen bestimmten Zeitraum in Eichenfässern lagern.

Ron Centenario Fundacion 20 Jahre Solera

GOLD 4.5

Art:
Melasse. 40%Vol.

Bis zu 20 Jahre in Solera Reife. Solera Rum.
Reift in Fässern aus Weißeiche, in denen zuvor Bourbon Whiskey und anschließend Scotch Whisky (dürfte Tomatin Whisky sein) ruhte! Soweit bekannt, starten die Hersteller das Solera Verfahren mit dem „Grand Legado“ und damit beträgt das Mindestalter 12 Jahre. Süßrum.

Notizen:
Kräftig süßer Antritt im vollen Schluck. Starke Milde im Mittelteil und im Abgang trockene Würze mit fruchtigen Noten (Pflaume und Zitrus). Dazu etwas Muskat und schwach Zimt. Karamell, Tabak?, Banane, Röstnuss und Anis. Extrem samtig. Wirkt komplex und schwer.
Konzentrierte Aromen trifft es eher. Starker Antritt, schwelender Mittelteil und recht lange Nachklang. Süß, Volumen, samtig, seidig, weich und harmonisch. Ein absolut pures Vergnügen. Im Premium Segment auch preislich überzeugend. Für Einsteiger absolut geeignet, die konsequente Fortführung des Rum-Einstieges mit Ron Botucal.

Rum&Co bewertet:
Süße ★★★½
Milde ★★★★
Würze ★★½
Frucht ★★★

Fazit:
Für Einsteiger und Veteranen mit Hang zur Süße bestens geeignet.

Ron Centenario
Gran Reserva 25 Jahre

PLATIN
5.0

Art:
Melasse. 40%Vol.

Bis zu 25 Jahre. Solera Reife.
Grundreife seines „jüngeren" Bruders, dazu 5 weitere Jahre Ausbau im Fass. Auch hier ist der jüngste Teil 12 Jahre alt. Süßrum.

Notizen:
Schöner runder und süßer Antritt. Sehr samtig und ausgewogen. Dabei sehr komplex und mundfüllend. Untermalung durch sehr feine, tiefe hölzerne Würze. Muskat und Pfeffer. Rosine. Vanille. Leichte Rauchspuren. Dazu etwas Tabak? Geschmacklich reichhaltig, er wirkt voller Volumen, dabei bleibt er stets samtig. Alles in allem kann dieser Rum gegenüber dem 20er noch eine gewaltige Schippe an Volumen und komplexen Aromenstrudeln drauf legen. Großartige Rumkunst und ganz bestimmt mit El Dorado 21 und Ron Millonario XO in einem Atemzug zu nennen.

Rum&Co bewertet:
Süße ★★★½
Milde ★★★★½
Würze ★★★★
Frucht ★★★

Fazit:
Volumenreiches Meisterwerk.

Ron Centenario Edicion Limitada 30 Jahre

PLATIN 5.0

Art: Melasse. 40%Vol.
Reifung im Solera System bis zu 30 Jahren. Solera Reife. Reifung erfolgte in ehemaligen Scotch-Whisky-Fässern (ebenfalls Ex-Bourbon), in Sherry-Fässern und in Moscatel-Fässern. Süßrum.

Notizen: Vanille umwoben von Karamell-Orange. Sehr feines Marzipan, Spuren von Leder und Elemente von Honig. Etwas Kaffee und vielleicht auch etwas Minze. Sehr elegant und vor allem sehr seidiges Mundgefühl. Trockenobst. Zimt. Ingwer und Holzkohlerauch stark verborgen. Von Anfang bis Ende zeigt er sich stets von der sanften Seite. Keine Spitzen von würziger Schärfe. Keine Ecken, keine Kanten, ein Schmeichler. Cremig, seidig und ein bisschen wie Sirup. Die Aromen tanzen im Mund ohne aufdringlich zu werden.
Teilweise sehr süß, teilweise leicht trockener, herber Abgang mit wieder aufblühender Lieblichkeit. Gewaltig tief. An der Oberfläche sehr ruhig, tief drinnen endlos weit. Ein sehr hochwertiger Genießerrum mit süßen Elementen.

Rum&Co bewertet:
Süße ★★★½
Milde ★★★★★
Würze ★★½
Frucht ★★★

Fazit:
Dessert-Rum der großen Verführung.

Ron Centenario Gran Legado 12 Jahre

SILBER 3.5

Art: Melasse. 40%Vol.
Reife: 12 Jahre. Kein Solera.
Der Gran Legado ist der älteste der klassischen Abfüllungen von Centenario (7, 9 und 12 Jahre). Er dient allen Premium Sorten (Solera 20, 25 und 30) als Basis.

Notizen: Banane und Orangenschale. Im Mund startet Karamell, dicht gefolgt von Vanille. Süß. Nach der Vanille kommen tropische Früchte zum Vorschein mit ein bisschen Nuss. Weich und warm. Nicht zu seicht, nicht besonders viel Tiefe. Hölzerne Würze und vielleicht auch pfeffrige Elemente schwingen mit und geben dem Rum seine Klasse. Obwohl elegant, nicht besonders mild. Im Abgang samtiger Eindruck mit Spuren von Nuss, Karamell und weißem Pfeffer. In seinem Segment Tendenz gut, aber kein Muss.
Für Einsteiger gut geeignet.

Rum&Co bewertet:
Süße ★★★
Milde ★★★
Würze ★★★
Frucht ★★★

Fazit:
Solider Rum, gutes Preis-/Leistungsverhältnis.

Dominikanische Republik

Wer Erholung sucht und seinen Urlaub in den schönsten und luxuriösesten Hotels verbringen möchte, der ist in der Dominikanischen Republik bestens aufgehoben. Auf der Insel Hispaniola in den Großen Antillen gelegen, ist der Inselstaat ein beliebtes Reiseziel. Aber in der Dominikanischen Republik kann man nicht nur traumhaft schöne Strände genießen, sondern auch hervorragenden Rum, der überall auf der Welt seine Fans hat.

Die Geschichte des Rums in der Dominikanischen Republik reicht lange zurück, bis in die Zeit von Christoph Kolumbus. Die Spanier erbauten im Jahr 1492 die erste Kolonie auf der Insel und der Admiral Don Diego Bermúdez brachte das Zuckerrohr mit auf die Insel, um aus der Ernte Alkohol herzustellen. So wurde auch der erste Rum der Dominikanischen Republik, der Amargo Panacea, um 1852 von der Familie Bermúdez hergestellt.

Noch heute gibt es den Bermúdez Rum, doch neben ihm haben sich weitere hervorragende Rum-Sorten aus der Dominikanischen Republik einen Namen unter Rum-Liebhabern gemacht und sind auf der ganzen Welt beliebt. Kenner schätzen an dominikanischem Rum vor allem seinen ausgeprägten weichen und einzigartigen Geschmack. Rums, die in dem Inselstaat gleich neben Haiti hergestellt werden, definieren sich über die Dauer ihrer Reifung. Wurde der Rum zwischen 18 und 36 Monaten in Fässern gelagert, so spricht man von einem „weißen Rum" oder auch „hellem Rum" und die Flasche wird mit einem silbernen Etikett zum Verkauf angeboten. Rums, die mindestens fünf Jahre lagern, haben eine goldene Farbe und auch die Flaschen werden mit einem goldenen Etikett versehen. Ab sieben Jahre Reifung spricht man von einem „alten Rum" und bei mehr als zehn Jahren von einem „extra alten Rum". Die Dominikaner genießen ihren Rum übrigens gern pur oder aber mit Eis und Cola.

Wer die Dominikanische Republik besucht und an der Geschichte des Rums interessiert ist, findet in Santo Domingo das Rum- und Zuckerrohr-Museum, das immer einen Besuch wert ist. Dort erhält man einen Einblick in die Herstellung und kann auch alte Werkzeuge bewundern, die früher für die Rum-Produktion eingesetzt wurden. Den Rum selbst genießen kann man überall und es lohnt, auch einmal abseits der bekannten Marken Rums zu probieren, denn auch hier lassen sich viele wohlschmeckende Perlen finden.

Ron Matusalem

Der Ron Matusalem hat eine lange Tradition und ist dennoch erst in den letzten Jahren wieder zu einem festen Bestandteil des Marktes geworden. Gegründet wurde Matusalem & Company im Jahre 1872 von Benjamin und Eduardo Camp, zwei Brüdern die aus Spanien ausgewandert sind, um in Kuba Rum zu produzieren. Gemeinsam mit dem Mitgründer Alvarez bauten die Brüder eine Destillerie auf und begründeten den Namen Matusalem auf den spanischen Namen von Methusalem, dem Urvater im Alten Testament. In der Bibel steht geschrieben, das Methusalem 969 Jahre alt wurde - und für die Destillerie sollte dies als Ansporn für die Reifung des Rums verwendet werden.

Mit der Gründung der Matusalem Destillerie wurde eine Vision umgesetzt: Die Brüder Camp wollten einen der besten und weichsten Rums kreieren - basierend auf dem berühmten spanischen Herstellungsverfahren für Sherry. Die geheime Rezeptur der Gründer wurde von Generation zu Generation weitergereicht und bildet auch heute die Grundlage für den Rum, der in den letzten Jahren wieder viele Anhänger fand.
Während des goldenen Cocktail-Zeitalters auf Kuba - also ein den 30er bis 50er Jahren - erlebte der Ron Matusalem seine Blütezeit. Der Rum erreichte in dieser Zeit einen Marktanteil von über 50 Prozent und konnte Ende der 50er Jahre mehr als 24 Millionen Flaschen auf Kuba absetzen. Eine außergewöhnlich hohe Zahl. Zu dieser Zeit übernahm die Familie des Mitbegründers Alvarez auch die Destillerie und sorgte mit viel Kompetenz und einer guten Kenntnis des Marktes für den Erfolg.
Lange konnte man sich allerdings nicht an dem hohen Absatz der produzierten Rums freuen. Mit der Machtübernahme von Fidel Castro Anfang der 60er Jahre verlor die Familie ihren gesamten Besitz und floh nach Amerika. Die Rum-Produktion wurde somit eingestellt und außer den Markenrechten und der geheimen Rezeptur konnte nichts gerettet werden.

Erst in den 90er Jahren des letzten Jahrhunderts erwachte der Ron Matusalem wieder zum Leben. Damals übernahm Dr. Claudio Alvarez, eigentlich Mediziner, die Leitung des Unternehmens und machte es sich zum Ziel, die Legende des Matusalem-Rums wieder zu erwecken. Seit dem Jahr 2002 ist der Rum, der heute in der Dominikanischen Republik hergestellt wird, nun wieder erhältlich.
Dr. Claudio Alvarez ernannte 2005 seinen Sohn, Claudio Renaud Alvarez zum CEO des Unternehmens. Somit wird die Destillerie Matusalem heute in der fünften Generation von der Familie geführt und handelt auch heute noch nach den Visionen des Gründers. Die heute hergestellten Rums überzeugen mit Qualität und Geschmack, Merkmale, die den Ron Matusalem schon seit Gründung auszeichnen. Auf dem deutschen Markt ist vor allem der 15 Solera sehr beliebt. In der Premium Reihe glänzt der 23 Solera. Es existiert noch ein 18 Solera, der allerdings in Deutschland nicht wirklich zu bekommen ist, was sehr schade ist.

Matusalem Gran Reserva Solera 15

SILBER
3.5

Art:
Melasse. 40%Vol.

Bis zu 15 Jahre. Solera System.
Die Reifung wird in ehemaligen Bourbon-Fässern erzielt.
Kein Süßrum.

Notizen:
Etwas schokoladig und Vanillespuren. Wirkt etwas oberflächlich. Relativ mild und ausgeglichen. Ganz leichter Alkoholbiss. Gerösteter Zucker, etwas Banane, Orangenschale und Mandel. Sehr seidiger Charakter im Mund, cremig wirkend. Holzwürze verbindet sich mit der Vanille. Leichte Rauchnoten im Hintergrund. Sehr schöner Rum für Einsteiger. Für Genießer mit mehr Rum Erfahrung vermutlich etwas zu flach wirkend, obwohl dies vermutlich an der fehlenden Süße liegt.

Rum&Co bewertet:
Süße ★
Milde ★ ★ ★
Würze ★ ★ ★ ½
Frucht ★ ★ ½

Fazit:
Ein Rum für den puren Genuss,
mit hervorragenden Mixeigenschaften.

Matusalem Gran Reserva Solera 23

PLATIN
5.0

Art:
Melasse. 40%Vol.

Bis zu 23 Jahre Reifung. Solera System.
Reifte in Bourbon-Fässern, vermutlich auch in Sherry-Fässern. Kubanischer Stil. Kein Süßrum.

Notizen:
Sehr cremig und weich. Im vollen Mund schon relativ süß. Ausgeglichen mit feinen Aromen von Karamell, dunklem Toffee und Honig. Vielleicht sogar etwas Haselnuss- und Mandeltöne. Sehr komplex, sanft und tief. Rosinentöne, Mango/Orangenschale und die Würze arbeitet im Hintergrund und verschmilzt mit Tabaknoten und feiner Holzkohle. Langer Nachklang mit leicht würzigen und trockenen Noten. Ein gewaltiger Sprung gegenüber dem 15er Solera. Wer es recht weich und mild mag, der ist hier genau richtig!

Rum&Co bewertet:
Süße ★ ½
Milde ★ ★ ★ ★ ½
Würze ★ ★ ★ ½
Frucht ★ ★ ★

Fazit:
Ein Ultra Premium Rum, der auch anspruchsvolle Genießer zufrieden stellt.

Ron Barceló

Im Jahr 1929 siedelten die beiden Brüder Julián und Andréas Barceló aus Spanien in die Dominikanische Republik über und hatten dabei nur einen Plan: eine Rum-Destillerie aufbauen. Diesen Plan setzten sie 1930 auch um und aus dem anfangs kleinen Unternehmen ist heute eine der größten Destillerien in der Dominikanischen Republik geworden.

Was sich wie eine der schönen und scheinbar einfachen Erfolgsgeschichten anhört, war nicht immer ganz so leicht. So wurde die Destillerie von einem großen Hurrikan nahezu vernichtet und Andréas gab den Traum der eigenen Rum-Marke auf und ging zurück nach Spanien. Sein Bruder Julián allerdings wollte nicht aufgeben, baute die Destillerie neu auf und stellte Rum nach überlieferter Rezeptur her.

Das Unternehmen, das sich noch heute in Familienbesitz befindet, hatte Erfolg und 1992 wurde die Destillerie modernisiert. Heute wird zur kontinuierlichen Destillation eine Säulenanlage und zur Reifung wird das amerikanische Eichenfass verwendet, in dem vorher schon Bourbon reifen durfte. Im Jahr 2000 wurde das Unternehmen neu strukturiert und die Barceló Internacional S. A. wurde gegründet, um den Rum auch außerhalb der Dominikanischen Republik bekannt zu machen und zu vertreiben. Die Hauptabsatzmärkte dabei sind die USA, Italien und Spanien.

Ron Barcelo Imperial

SILBER
3.5

Art:
Melasse. 38%Vol.

Zwischen 6 und 10 Jahre Reifung. Blended Rum.
Vermutlich etwa im Schnitt 8 Jahre alt, obwohl einiges darauf hin deutet, dass recht viele Teile eher 10 Jahre, denn weniger alt sind. Reifung in ehemaligen Bourbon-Fässern, im Anschluss in Château D`Yquem Casks gefinished. Kein Solera Rum zu sein, macht ihn schon fast zu etwas Besonderem, da sehr viele Rumsorten aus der Dom. Rep. Solera Rumsorten sind. Süßrum.

Notizen:
Würzig! Recht komplex, etwas ölig, aber nicht viel. Zimt, etwas Nuss, wieder Würze, Frucht (Apfel, Dattel).
Leder und Rauchnoten. Recht trocken, wenig Süße. Wieder Würze. Irgendwie alkoholische Schärfe (trotz seiner recht geringen 38% Vol.) ist zu schmecken. Ein recht rauher Rum mit enttäuschend kurzem Nachklang, der vor allem an frischen Ingwer erinnert. Viel Volumen, nicht ganz so viel Tiefe. Eher nicht für Einsteiger geeignet, dafür wirkt er auf die meisten zu rauh, zu unsüß und zu intensiv.

Rum&Co bewertet:
Süße ★★
Milde ★★
Würze ★★★★
Frucht ★★

Fazit:
Für einen Premium Rum recht schwach.

Ron Barcelo Imperial 30 Aniversario

GOLD 4.5

Art:
Melasse. 43%Vol.

Unbekannte Lagerungszeit. Blended Rum.
Jedes Jahr, seit 1980, wird etwas Rum aus den Lagern beiseite gepackt und in vollkommen verschiedenen Fässern gelagert, immer von der Produktion des Imperials.
Alle unterschiedlich. Und aus diesen alten und ehrwürdigen „Resten" wurde der 30 Aniversario geblendet. Es sind also Spuren von bis zu 30 Jahren Rum in diesem Luxus Rum.

Notizen:
Leichter Körper. Lebendig, würzig. Irgendwie nussig, teilweise Kräutereindrücke. Ingwer und Toffee. Pfeffer. Schokolade, Karamell und Vanille.
Erinnert an dunkle Kirsche und Lebkuchen. Sehr langer Nachklang von Nuss, Ingwer und wieder Lebkuchen. Erlesenes Geschmacksprofil mit viel Volumen und forderndem Charakter. Kein Rum zum Ausruhen, sondern zum Erforschen! Nicht für Anfänger geeignet, sondern für den abenteuerlustigen Genießer.

Rum&Co bewertet:
Süße ★★★
Milde ★★★★
Würze ★★★★
Frucht ★★

Fazit:
Auf 9.000 Flaschen limitierter Luxus Rum.

Ron Atlantico

Große Rum-Marken bestehen oft schon mehr als 150 Jahre - die Destillerie Atlantico beweist jedoch, dass auch sehr junge Häuser hervorragende Rums produzieren und sich somit gegen viele der alteingesessenen Marken durchsetzen können. Die Markteinführung des Ron Atlantico geschah erst im Jahre 2008 und doch ist der Rum aus dieser Produktion heute nicht mehr aus den Bars von Genießern wegzudenken und hat seinen festen Platz auf vielen Einkaufslisten gefunden.

Der Ron Atlantico gehört nicht zu den bekanntesten Rums, jedoch hat er nach der Einführung den amerikanischen Markt im Sturm erobert und wird langsam auch in Europa immer bekannter und beliebter.

Das liegt vor allem an seiner einzigartigen Herstellung, die dem Rum aus der Dominikanischen Republik zu einem außergewöhnlichen Geschmacks-Erlebnis verhilft.

Normalerweise wird für die Herstellung eines Rums Melasse (in selteneren Fällen auch direkter Zuckerrohrsaft, wie wir wissen) verwendet. Beim Ron Atlantico hat man sich allerdings weder für das eine noch das andere alleine entschieden, sondern für Rohstoffe und diese werden zu einem außergewöhnlichen Rum vereint. Die Melasse und der Zuckerrohrsaft werden dafür getrennt voneinander destilliert und in verschiedenen Fässern für zwei bis drei Jahre gelagert. Anschließend vermählt der Master Blender beide Destillate miteinander und nach einer zweijährigen gemeinsamen Reifung beginnt eine lange, aufwendige Reifephase im Solera-Verfahren, die wiederum etwa 15 Jahre lang dauert.

All diese Schritte zur Vollendung des Herstellungsprozesses geschehen in Handarbeit. Diese aufwendige Produktion bringt im Endergebnis einen hervorragenden Rum zu Stande. Außergewöhnlich und von vielen Genießern geschätzt.

Nicht nur beim „Fußvolk“ findet der Ron Atlantico viel Geschmack. So konnten die Hersteller den Sänger Enrique Iglesias im Jahr 2011 als Werbebotschafter für die Rum-Marke gewinnen. Iglesias lässt keine Gelegenheit aus, um den Rum in aller Welt bekannt zu machen und hat sich, so sagt man, inzwischen selbst Anteile am Unternehmen gesichert.

Atlantico Private Cask Rum

GOLD
4.0

Art:
Zuckerrohrsaft/Melasse. 40%Vol.

Reifung von 15 - 25 Jahren. Blended Rum & Solera System.
Die Reifung erfolgte vermutlich in ehemaligen Bourbon-Fässern aus Weißeiche. Atlantico unterliegt einer ganz besonderen Art zu reifen. Zuckerrohrsaft-Rum und Melasse-Rum reifen getrennt voneinander. Dann werden sie miteinander verblendet und reifen gemeinsam weiter. Nach zwei Jahren anschließend im Solera Verfahren.
Sehr aufwendig! Süßrum.

Notizen:
Honigspuren, frisches Zuckerrohr, brauner Zucker, Melasse, Nüsse, Aprikose, Rauchnoten, Vanille, Tabak und Kardomon, sowie feine Pfeffernoten verschmelzen miteinander zu einer sehr harmonischen Struktur. Sehr sanft, aber auch etwas intensiver (nicht Alkoholbissig). Der Körper schwankt zwischen tiefer, schwerer Gangart und leichter, fruchtiger Note mit grasigen Elementen. Er ist nicht ganz so sanft, wie ein reiner, schwerer Solera Rum, aber nicht so „zickig", wie ein reiner Agricole Rum. Eine wundervolle Mitte wurde hier gefunden. In der Mitte lieblich, am Ende eher trocken. Karamellnachklang.

Rum&Co bewertet:
Süße ★★★½
Milde ★★★
Würze ★★½
Frucht ★★★½

Fazit:
Harmonisch und voller Komplexität.

Atlantico Reserva Rum

SILBER 3.5

Art:
Melasse/Zuckerrohrsaft. 40%Vol.

Reife: 8 - 15 Jahre. Solera.
Reifte nach ähnlicher Art, wie sein älterer Bruder. Süßrum.

Notizen:
Recht kräftige Vanille gemischt mit einer leichten, blumigen und fruchtigen Lieblichkeit. Recht cremig in der Struktur, eher trocken im Nachklang. In der Mitte wieder diese Süße. Etwas Eiche und brauner Zucker. Banane und Spuren von Aprikose. Nicht so tief und volumenreich, wie der Private Cask, aber in seiner Preisklasse schon sehr gediegen. Kann dem ein oder anderen nicht sanft genug sein, da spielt der Zuckerrohrsaft einen großen Anteil. Pur oder im Longdrink und Cocktail. Ein Allrounder.

Rum&Co bewertet:
Süße ★★★½
Milde ★★★½
Würze ★★★½
Frucht ★★★½

Fazit:
Ein Allrounder.

Brugal

Spricht man von Rums aus der Dominikanischen Republik, so muss natürlich auch der Brugal erwähnt werden. Rums, die unter diesem Namen angeboten werden, versprechen höchste Qualität und einen Geschmack, den man in vollen Zügen genießt - und das am liebsten immer und immer wieder.

Don Andrés Brugal Montaner zeichnet für den hervorragenden Rum verantwortlich. Er verließ in der zweiten Hälfte des 19. Jahrhunderts seine Heimat Sitges in Spanien, um nach Kuba zu reisen und dort die Kunst der Rum-Herstellung zu erlernen. Anschließend zog es ihn weiter in die Dominikanische Republik, genauer gesagt nach Puerto Plata, und gründete dort Brugal & Company, eine Rum-Destillerie, die noch heute in Familienbesitz ist und hervorragenden Rum herstellt.

Das Besondere am Brugal ist vermutlich sein Herstellungsverfahren, das ein gut gehütetes Familiengeheimnis ist und nicht nach außen dringt. Wie sich erzählt wird, stammt es vom Gründer persönlich und wird seitdem von Generation zu Generation innerhalb der Familie weitergegeben. Dazu passt auch, dass bei Brugal nur Familienangehörige „Maestro Ronero“ werden können. Momentan sind es drei Maestros aus der vierten Generationen und einer aus der fünften, die von der Auswahl des Zuckerrohrs bin hin zur Abfüllung in die Flaschen das Rum-Handwerk erlernt haben.
Ob das allein für die hervorragende Qualität des Rums verantwortlich ist oder ob noch andere Faktoren eine Rolle spielen, werden wir wohl eher nicht erfahren.

Brugal Ron 1888 Gran Reserva Familiar

GOLD
4.0

Art:
Melasse. 40%Vol.

Reifung liegt zwischen 5 - 14 Jahren. Solera.
Die Bezeichnung des Rums bezieht sich auf das Gründungsjahr von Brugal. Die Reifung erfolgte in ehemaligen Bourbon-Fässern und im Anschluss ein Finish im Sherry-Fass. Leichter Süßrum.

Notizen:
Der erste Eindruck beschert dem Genießer süße Rosine und Aprikose. Karamell und Sherry. Lebkuchen. Im Mund setzt sich der „erschnüffelte“ Eindruck fort. Mit sanften Zimtnoten und Pfeffrigkeit, sowie dunkler Schokolade. Etwas Modrigkeit im Hintergrund? Tabak und Rauchspuren unterlegen die Eindrücke. Vanille erscheint wirklich nur am Rande. Trockener, recht langer Abgang mit Noten von Leder, Holz und wenig Zimt. Dunkles Toffee mit Kaffeespuren. Irgendwie auch Apfel. Kein Einsteiger-Rum.

Rum&Co bewertet:
Süße ★★
Milde ★★★½
Würze ★★★½
Frucht ★★★½

Fazit:
Leckerer Dominikaner.

Brugal Ron XV Reserva Exclusiva

SILBER 3.5

Art: Melasse. 38%Vol.
Reift zwischen 3 und 8 Jahren. Blended Rum. Ein waschechter Blended-Rum, der in ehemaligen Bourbon-Fässern (Weißeiche) ruhte und im Anschluss in Sherry Casks.

Notizen: Düfte von Honigbanane und Marzipanorange zeigen sich sehr sanft. Etwas Moder, der an tiefe See erinnert. Der Übergang zu den Aromen im Mund ist gut getroffen, etwas Holz, etwas honigartige Würze und Spuren von Orange. Das Moder-Aroma erscheint wieder und gibt dem Rum einen ganz persönlichen Touch. Die pfeffrige Würze ist schon etwas scharf, was wohl am noch relativ jungen Alter liegen kann. Der Rum wirkt eher flach im Volumen und tiefe, geheimnisvolle Aromenstrudel sind ihm fremd. Ein leichter, wenig süßer Rum mit zarten Fruchtkomponenten von Orange und eigenwilliger Note. Etwas irritierend ist die römische 15 auf dem Etikett.

Rum&Co bewertet:

Süße ★★
Milde ★★★
Würze ★★★
Frucht ★★½

Fazit:
Auf dem Weg zu einem guten Rum.

Brugal Ron Siglo de Oro Seleccion Especial

GOLD 4.5

Art: Melasse. 40%Vol.
Reife: 16 Jahre. Blended Rum. 16 Jahre Lagerung im Fass. Davon 8 Jahre in einem ehemaligen Bourbon-Fass (und damit Weißeiche) und zusätzlich die nächsten 8 Jahre in einem ganz frischen Weißeiche-Fass (ohne Bourbon-Whiskey). Das gibt verdammt intensive Noten! Ganz wenig Süßrum.

Notizen: Sehr feiner Rum in der Nase, keine stechenden Merkmale, sanftes Leichtgewicht. Etwas Holz, kleines bisschen Süße und Karamell, vielleicht auch etwas grasig. Am Gaumen explodiert nichts, sondern streichelt die Geschmacksknospen. Sehr cremig und mild, sanft. Leicht bitteres Karamell mit Elementen von Espresso.
Etwas Rauch im Hintergrund. Vanille und diese typische „Modrigkeit" von Brugal.
Erinnert irgendwie in seinem Stil einem lange gereiften Agricole Rum (Grasigkeit).
Der Nachklang ist sehr lange und bietet stumpfes Karamell mit Muskateindruck.
Sehr leichter Premium Rum mit Bitterkaramell und Pfirsich-Noten.

Rum&Co bewertet:

Süße ★½
Milde ★★★★
Würze ★★★★
Frucht ★★½

Fazit:
Für einen Rum sehr rauchig und holzig. Starker Charakter.

Oliver & Oliver

Um außergewöhnlich guten Rum zu produzieren, muss es nicht gleich eine Destillerie mit angeschlossener Zuckerrohr-Plantage sein. Das beweist gerade der Rum-Hersteller Oliver & Oliver der Welt immer wieder aufs Neue. Bei Kennern äußerst beliebt und immer wieder mit Preisen ausgezeichnet, nimmt der Oliver & Oliver Rum aus der Dominikanischen Republik heraus seinen Weg in die ganze Welt.
In der Mitte des 19. Jahrhunderts erreichte der spanische Soldat und Katalane Juanillo Oliver die Insel Kuba. Die Gründung seines Familienstammbaums begann auf diesem karibischem Eiland. Nach seiner Laufbahn beim Militär entschied er sich zu einer Ansiedlung auf dem schönen Fleckchen Erde, in der Nähe der Stadt Las Placetas, anstatt wieder nach Hause zu segeln. Es dauerte gar nicht lange und er begann mit der Kultivierung von Tabak und Zuckerrohr und der Gründung von Firmen, die sich um die Erzeugnisse kümmerten. Kurz darauf errichteten sie bereits Mühlen, um das Zuckerrohr für die Produktion von Zucker und Alkohol zu mahlen. Juanillo Oliver startete bereits sehr früh in der Geschichte mit der Herstellung von hochwertigen Zigarren und Premium-Spirituosen.

Innerhalb von weniger als 5 Jahrzehnten wurden die Rums und die Zigarren der Firma Oliver im zentralen Kuba immer bekannter. So bekannt, dass man schon von Berühmtheit sprechen kann. Mit Beginn des zweiten Unabhängigkeitskrieges zerstörten Separatisten die Cubaney Mühlen (1898) und Produktionsstätten. Außerdem brannten sie die Felder nieder. Nach dem Erreichen der Unabhängigkeit kehrte die Familie der Zuckerrohrproduktion den Rücken zu und widmete sich fortan vor allem der Kultivierung des Tabaks und wich in andere landwirtschaftliche Bereiche zusätzlich aus. 1959 schließlich brach die Revolution aus und die nachfolgenden Jahre verließen viele Familienmitglieder Kuba. Die Nachkommen schließlich verschlug es in alle Teile der Welt. Erst in den letzten Jahren der 80er verschlug es jemanden aus der jüngeren Familiengeneration erneut nach Kuba. Seine Neugier war so groß, dass er sich ganz intensiv mit der Familiengeschichte befasste. Unter den zahllosen Dokumenten und Papieren fand er das Original-Rezept der Rum-Herstellung, welches die Familie in dem 19. Jahrhundert verwendete.

Pedro R.L. Oliver

Durch die Entdeckung ermutigt entschied der Nachfahre von Juanillo Oliver diesen kubanischen Rum wieder aufleben zu lassen. Die Dominikanische Republik erkor er zum idealen Standort für dieses Unterfangen aus. Sie teilt mit Kuba praktisch die identisches Eckdaten: Klima, Topografie und Geologie. In den frühen Neunzigern begann die Familie Oliver ihre eigenen Rums zu entwickeln. Zu ihrer Hilfe wurden kubanische Ingenieure und Master Blender angeheuert, um auch ja den „richtigen" Kuba-Rum-Stil zu treffen. Die von ihnen einst entwickelten Prozeduren, Einstellungen und Formeln finden noch bei den heutigen Prozessen und Master Blendern Verwendung.

Die Fabrik kaufte zu Beginn eine Menge von etwa 100.000 Litern 15jähriger Destillate auf, die den Grundstock des Unternehmens bildeten. Dieser Rum repräsentiert die Mutter aller Rum-Sorten, die das Haus bis heute produziert. Im Jahr 1997 reorganisierte sich das Unternehmen und schließlich firmierte es in Oliver & Oliver. Unter diesem Namen bekennt das Rum-Haus noch heute Flagge und hat seine Premium-Linien weit ausgebaut.
Im Gegensatz zum Rum seiner Vorfahren, verwendet der junge Unternehmer allerdings nicht eigens angebautes Zuckerrohr, sondern Rums aus Panama und Trinidad und Tobago, die er zu wunderbaren Blends vermischt. Dabei wird für die Rums das spanische Solera-System angewendet.

Heute hat das Unternehmen einen hervorragenden Ruf und ist für seine Premium-Rums bekannt, die in kleinen, nummerierten und limitierten Editionen abgefüllt und in viele Länder exportiert werden. Die heutigen Premium-Rums (und nahe Verwandte) aus dem Hause Oliver & Oliver (in eigenem Auftrag) sind: Bávaro, De Pirathas, Exquisito, Pancho Villa, Presidencial, Opthimus, Quorhum, Habana Vieja, La Negra Tomasa, Cubaney, Santo Domingo, Cubanacán, PuntaCana Club, Guantanamera, Unhiq, Rhuma und Cremas de Ron. In fremdem Auftrag stellen sie außerdem noch für private Rum-Marken Premium-Produkte her. Das ist Atlantico Rum, Tres Hombres, Vizcaya Rum und seit kurzem auch noch Ron Esclavo.

Ron Cubaney

Ron Cubaney ist die „preiswerte" Rum-Reihe von Oliver & Oliver.
Alle Cubaney-Sorten wirken besonders mild, nicht besonders süß (obwohl sie alle Süßrum-Sorten sind) und „ledrig". Eine feine Holzrauchnote ist ihnen ebenfalls zu eigen. Ron Cubaney führt auch sehr junge Rum-Sorten, beginnend mit 3 Jahre Reife, die alle ausnahmslos empfehlenswert sind. Gerade im Duett mit Cola oder Fruchtsaft trumpfen sie besonders auf! Die reiferen Modelle verzücken vor allem durch ihre, bereits anfangs genannte, hohe Milde.

Ron Cubaney Tesoro 25 Jahre

GOLD
4.5

Art:
Melasse. 38%Vol.

Reifung bis zu 25 Jahren. Solera System.
Besteht aus jüngeren und älteren Anteilen, bis hinauf zu 25 Jahren. Neben Bourbon-Fässern sind französische Weinfässer an dem Reifungsprozess beteiligt. Süßrum mit wenig süßem Eindruck.

Notizen:
Der Rum schmeckt nach dunkler Schokolade und wird von Melasse, Leder und Tabak leicht getragen. Vielleicht etwas dunkle Kirsche an Fruchtigkeit. Etwas Holz. Alle Elemente können gut ausgemacht werden und existieren wundervoll harmonisch nebeneinander. Eine leichte Süße im Anfangsteil, der einem trockenen Ende weicht. Unheimlich sanft und tief, voller Weichheit. Wer Milde hoch bewertet, der sollte sich diesen Tropfen nicht entgehen lassen. Im Nachklang wirkt er immer noch komplex und hält recht lang. Kaum bis gar keine Bitternoten, keine strenge Pfeffrigkeit, sondern auch hier sehr, sehr sanfte Züge und edle Würze.

Rum&Co bewertet:
Süße ★★
Milde ★★★★★
Würze ★★★
Frucht ★

Fazit:
Ein Rum, der Entspannung lehrt.

Ron Cubaney Elixir del Caribe

Art:
Melasse. 34%Vol. Rumlikör.

Reife: bis zu 8 Jahre. Solera.
Kein wirklicher Rum, sondern ein beliebter Rumlikör nach Art des Legendario Elixir de Cuba. In der Basis wird ein 8jähriger Solera Rum genommen. Dazu Mazeration mit Trauben/Rosinen.
Süßer Rumlikör.

Notizen:
Sehr lieblich und weich, Traube und Honigelemente. Nur sehr geringer Rum-Geschmack. Ganz geringe Rauchspuren im Untergrund. Im Nachklang süße Traube und wenig Pfeffer.
Die Süße ist gelegentlich schon fast zu hoch, dem kann aber mit einem Spritzer Zitrone abgeholfen werden. Im direkten Vergleich zum Legendario ist er ein bisschen weniger süß und mit mehr Tiefe ausgestattet. Lieblicher Aperitif und Digestif. Hervorragendes Elixir, süß und elegant. Für einen echten Rum (mit diesem Geschmacksprofil) wäre die Bewertung viel, viel schlechter, da viel zu süß.

Rum&Co bewertet:

Süße	★★★★★
Milde	★★★★
Würze	★★
Frucht	★★★★

Fazit:
Ein leckerer, lieblicher Rum-Likör für puren und Mixgenuss.

Ron Cubaney Centenario 30 Jahre

PLATIN 5.0

Art: Melasse. 41%Vol.
Reife: bis zu 30 Jahre. Solera.
Genau wie der Tesoro lagerte der Cubaney Centenario in Bourbon-Fässern und in Weinfässern aus Frankreich. Süßrum mit nur gering-süßen Eindrücken.

Notizen: Voll und gewaltig, aber sanft wie ein schnurrendes Kätzchen. Dunkles Toffee wird von Vanille und Kaffee untermalt, von Honig und Melasse getragen und von fruchtigen Noten (Orangeschale, Pflaume und bittere Mango) aufgepeppt. Rauchspuren, Tabak und Leder. Die sehr sanfte und trockene Holznote durchzieht dieses Meisterwerk nicht so bitter, wie erwartet. Warm, intensiv und weich zugleich. Sehr schön cremig. Langer Nachklang mit harmonischen Klängen von Toffee und Kaffee, aber auch etwas Holzwürze.

Rum&Co bewertet:
Süße ★★
Milde ★★★★★
Würze ★★★½
Frucht ★★

Fazit:
Höchste Eleganz, versehen mit viel Tiefe.

Ron Cubaney Exquisito Gran Reserva 21 Jahre

GOLD 4.0

Art: Melasse. 38%Vol.
Reife: bis zu 21 Jahre. Nach Solera Art.
Die Reifung unterliegt dem selben Prozesse, wie die der anderen, alten Cubaneys. Bourbon und Weinfässer. Süßrum mit sehr trockenem Eindruck.

Notizen: Etwas weniger Aromenfülle als der Cubaney Tesoro 25. Rauchelemente, Tabak und Ledrigkeit. Dunkles Toffee mit zarten, herben Noten. Leichte, würzige Untermalung vom Holz. In Preis/Leistung genial. Mild, weich, cremig. Trockenes Ende. Sanfter Start. Ganz toller Rum für Einsteiger ohne dominante Süße.

Rum&Co bewertet:
Süße ★★
Milde ★★★★½
Würze ★★★
Frucht ★★

Fazit:
Günstiger Premium-Rum von hoher Milde.

Opthimus Rum

Opthimus Rum stammt ebenfalls von Oliver & Oliver. Es ist eine sehr hochwertig angelegte Reihe von sehr kräftigen und schwer wirkenden Rum-Sorten. Die Reifung erfolgte komplett nach dem Solera Verfahren und, zumindest nach unseren Informationen, einzig in ehemaligen Bourbon-Fässern als Stammreife. Erst im Anschluss erfolgt eine Reifung in ehemaligen Sherry- und vermutlich auch Portweinfässern. Recht kräftige Vanillearomen sind allen Opthimus zu eigen. Opthimus bildet die Basis aller Rum-Sorten aus ihrem Gepäck!

Opthimus 15 Jahre Rum

Art:
Melasse. 38%Vol.

Reife: bis zu 15 Jahre. Solera Methode.
Dominikanische Qualität. Die Reifung erfolgte in ehemaligen Bourbon-Fässern (amerikanische Weißeiche). Anschlussreifung in Sherry. Süßrum.

Notizen:
Karamell und ein bisschen dunkle Schokolade unterstrichen von Vanille und Toffee. Honig. Wirkt recht cremig und recht sanft. Im Hintergrund ist ein wenig „Holzkohleflavour" bemerkbar. Holznoten sind eher gering ausgeprägt, etwas pfeffrige Schärfe (Muskat) zu spüren, die dem Rum den gewissen Schwung gibt, aber alles andere als intensiv wirkt. Fruchtnoten sind hier am Rande zu finden, erinnern an Banane ohne Reife. Ein aufregender Opthimus.

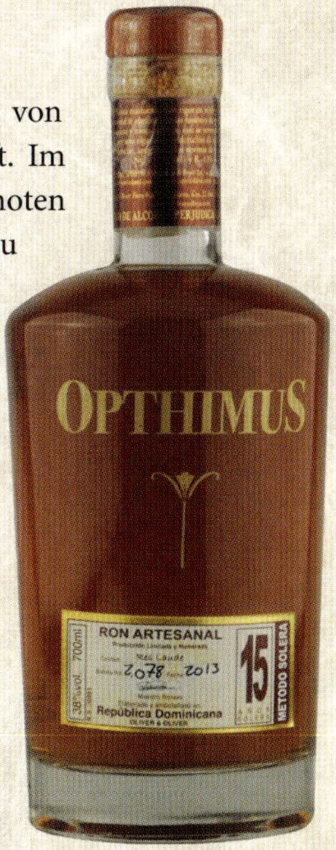

Rum&Co bewertet:
Süße ★★★
Milde ★★★★
Würze ★★★½
Frucht ★★

Fazit:
Der frischeste Opthimus.

Opthimus
25 Jahre Rum

PLATIN
5.0

Art: Melasse. 38%Vol.

Reife: bis zu 25 Jahre alt. Solera Methode.
Reifung erfolgte auch hier in ehemaligen Bourbon-Fässern und am Ende in Sherry-Fässern. Süßrum.

Notizen: Der Opthimus 25 zeigt sich vanillig, karamellig und mit Honignoten. Dunkle Schokolade schwelgt am Horizont und wird von einer leichten, rauchigen Note unterstützt. Samtige Noten und cremige Struktur.
Dazu Elemente, die an Muskatnuss erinnern. Die Aromen sind kräftig ausgeprägt und der Rum scheint von schwerer Art, dabei wiegt er trotzdem irgendwie leicht. Der Nachklang verabschiedet sich nicht schnell und zeigt hier gemischte Süße und Würze. Dank der langen Lagerung entstehen hier und dort pfeffrige Noten, die dem 21er eher fehlen. Unglaublich mild und cremig.

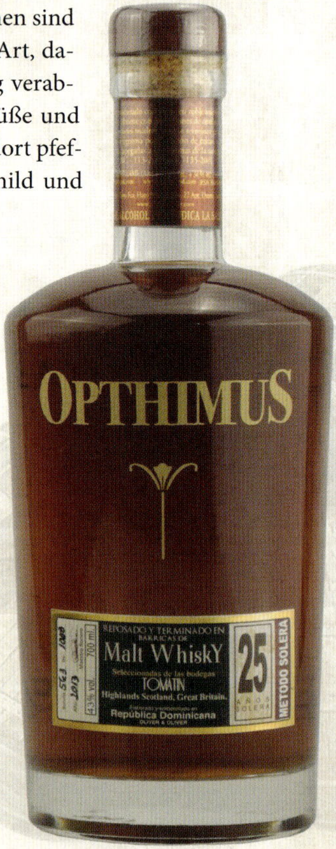

Rum&Co bewertet:
Süße ★★★½
Milde ★★★★½
Würze ★★★★
Frucht ★★½

Fazit:
Der edelste Opthimus.

Opthimus 21 Jahre Rum

GOLD 4.5

Art: Melasse. 38%Vol.
Reife: bis zu 21 Jahre. Nach Solera Methode. Bourbon-Fass und im Finishing Sherry-Fass. Süßrum.

Notizen: Im Geruch noch mehr Weihnachtsgebäck mit Zimtnoten. Keine bissigen Spuren. Am Gaumen entfaltet er sich sehr cremig, voller sanfter Wärme und mit Noten von Karamell, dunkler (aber weniger bitterer) Schokolade und feinen Rauchspuren im Hintergrund. Er wirkt etwas blass, aber sehr schön mild und mit einer feinen, aber nicht dominanten, Süße. Die Holznoten im Rum sind dezent, schwelgen nur am Rande und geben keinen pfeffrigen Nachklang. Der erinnert mehr an Toffeekaramell mit etwas weniger Süße und ist recht lang. Purer Dessertrum mit einer ansprechenden Note für die Milde. Etwas dunkle Beerenfrucht taucht auf. Insgesamt sehr, sehr ausgeglichen ohne Ecken und Kanten.

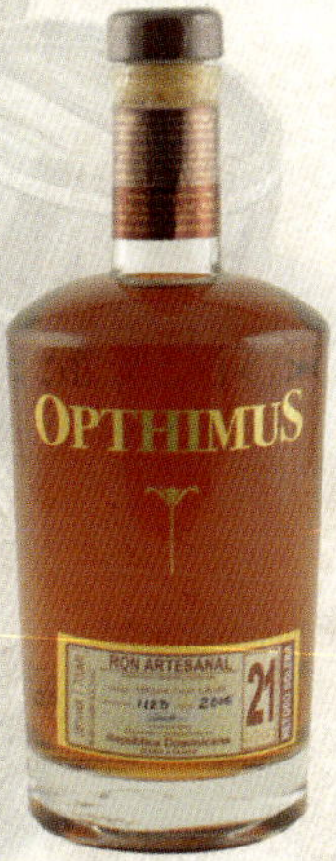

Rum&Co bewertet:
Süße ★★★
Milde ★★★★
Würze ★★★½
Frucht ★★½

Fazit:
Der karamelligste Opthimus.

Opthimus 18 Jahre Rum

GOLD 4.0

Art: Melasse. 38%Vol.
Reserve. Hat zahlreiche Auszeichnunge Reifung in Fässern aus Weißeiche, in denen zuvor Bourbon ruhte. Danach in Sherryfässern. Süßrum.

Notizen: In der Nase etwas blass, dezent, Weihnachtsgebäck. Warm und weich im Mund, dunkle Schokolade umhüllt von Karamell und Vanille. Etwas Honig, etwas Kaffee. Toffee. Reichhaltig und schwer. Cremig und ruhig. Sehr mild. Keine Zacken, alles plätschert so dahin. Und das ist ein Dilemma, keine zentrale Note, ein Aromenfluss von Harmonie aber ohne Individualität. Wer einen milden, cremigen Sofarum bevorzugt, mit akzeptabler Süße, der ist hier absolut und goldrichtig. Leichter Hauch von dunklen Früchten. Recht kurzer Nachklang.

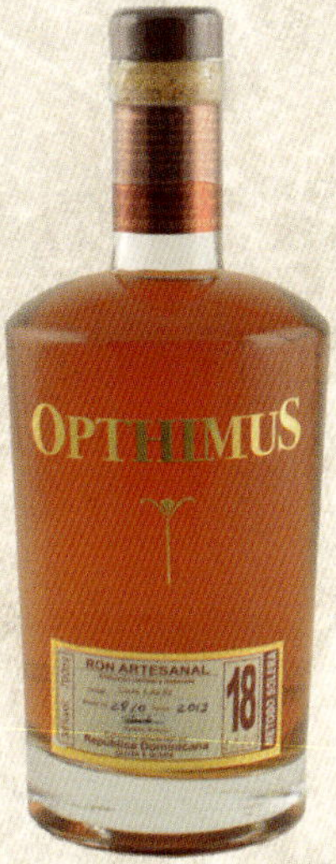

Rum&Co bewertet:
Süße ★★★
Milde ★★★★
Würze ★★★
Frucht ★★½

Fazit:
Der kürzeste Opthimus.

Opthimus Oporto 15 Jahre Rum

PLATIN 5.0

Art: Melasse. 43%Vol.
Reife: bis maximal 15 Jahre alt. Solera Methode. Mit erhöhter Alkoholstärke und satter Finishreifung in einem Portweinfass. Süßrum.

Notizen: Hier geht es zur Sache. Tabak, Karamell, Frucht, intensiver, als die anderen Opthimus Rums. Im Mund explodiert eine Geschmacksbombe. Dunkle Beeren verweben sich mit Karamell und Ledernoten, unterstrichen von Holzkohle. Nicht mehr so sanft, wie der Standard-Opthimus. Intensiver, kräftiger, erfüllender. Kein Einheitsbrei, sondern starke Individualität. Kein Plätschern, sondern ein rauschender Bach. Langer Abgang mit Noten von Muskat, Frucht und Karamell. Komplexität. Kein Rum für Einsteiger, da nicht selten der Eindruck von „Sprittigkeit“ entsteht (es handelt sich tatsächlich um sehr kräftige Aromen).

Rum&Co bewertet:
Süße ★★★½
Milde ★★★
Würze ★★½
Frucht ★★★★

Fazit:
Der spannendste Opthimus.

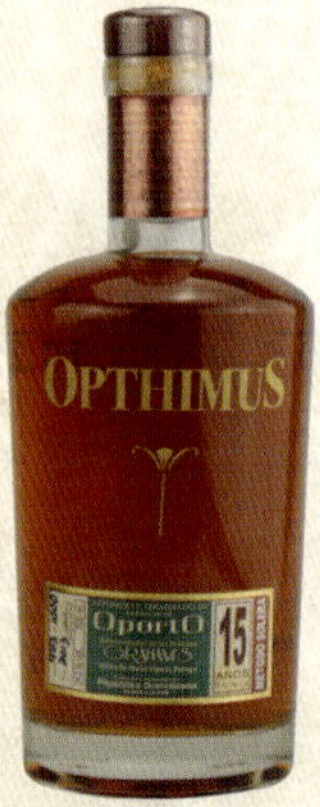

Opthimus Whisky Cask 25 Jahre Rum

PLATIN 5.0

Art: Melasse. 43%Vol.
Reife: bis maximal 25 Jahre. Solera Methode. Nach der Reifung in Bourbon-fässern wurde diesem Rum die Ehre zu Teil, seinen Körper in einem schottischen Whiskyfass zu baden, in dem zuvor Tomatin Single Malt Whisky ruhte. Mit erhöhter Alkoholstärke entwickeln sich hier deutliche und kräftige Aromen.

Notizen: Intensiv, gleichzeitig geschmeidig. Karamell, Lebkuchen und etwas Salz? An den Lippen vorbei wird es leicht süß und warm und etwas salzig. Neben dunklem Toffee und Vanille, sowie ein paar pfeffrige Noten von Muskat erscheint auch etwas Jodartiges, welches aber zu keinem Zeitpunkt den Rest des Geschmacks unterdrückt, sondern trägt. Warm und irgendwie clever, einladend und auch etwas lustig, ist man so nicht gewohnt. Ein großartiger Rum mit sehr eigenwilligen Komponenten, die ihm eine schöne Individualität aufdrücken. Dennoch keinen alkoholischen Biss und einen verdammt langen Abgang.

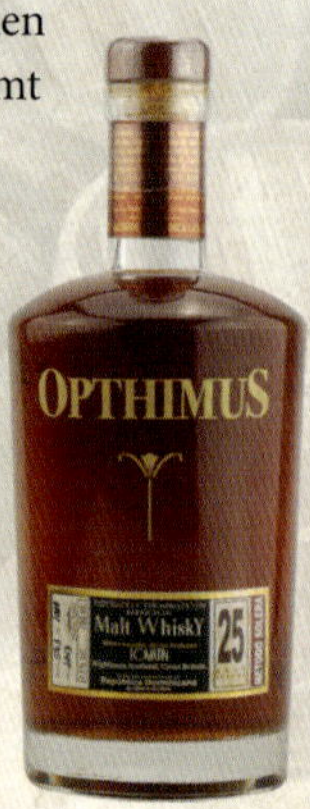

Rum&Co bewertet:
Süße ★★★½
Milde ★★★
Würze ★★½
Frucht ★★★★

Fazit:
Der außergewöhnlichste Opthimus.

Presidente Marti Rum

Der Name spielt auf die auf dem Etikett abgebildete, historisch bedeutende Persönlichkeit, José Martí, an. Der kubanische Nationalheld und Dichter soll mit dem Premium-Rum und seinem an Poesie grenzenden Genuss quasi wieder zum Leben erweckt werden. Sehr dunkle, beerige und schokoladige Töne sind den Presidente Marti Rum-Sorten zu eigen. Presidente Marti Rums sind so genannte Artinsinal-Rumsorten. Mit besonders hoher Hingabe und Fertigkeit hergestellt. Weit entfernt davon, Massenware zu sein. Aber vermutlich gilt das für viele Premium-Rumsorten, die sich abseits der Top-Ten-Verkaufscharts tummeln.

Presidente Marti 15 Jahre Solera Rum

GOLD 4.0

Art: Melasse. 40%Vol.

Reife: bis zu 15 Jahre alt. Solera System.
Reifte in ehemaligen Bourbonfässern. Zudem könnte, aufgrund der geschmacklichen Struktur, auch ein ehemaliges Portweinfass daran beteiligt sein. Und/oder auch Sherry. Süßrum.

Notizen: Vanille, Schokolade, etwas Rauch. Im Mund wie ein Hauch Samt. Noten von dunklem, aber nicht bitterem Toffee, Karamell und dunkle Beere feilschen um die Vormacht. Zuerst Schokolade, dann Kakao und Zimt. Entspannend. Ruhig und cremige Struktur. Im Nachklang stressfreie Würze, ähnlich Kardomom und Eichenholz. Und dann steigt das Volumen im Mund. Recht süß und schwer, erst mit dem Abgang schwindet das Volumen. Im Gegensatz zum 23er auf jeden Fall süßer und mit weniger Holznoten. Wiegt schwer und süß, dazu schokoladig. Einsteiger-Rum!

Rum&Co bewertet:

Süße ★★★★
Milde ★★★★
Würze ★★★
Frucht ★★½

Fazit:
Seidiger Dessertrum.

Presidente Marti 19 Jahre Solera Rum

PLATIN 5.0

Art: Melasse. 40%Vol.
Reife: bis zu 19 Jahre alt. Solera System. Reifte in ehemaligen Bourbonfässern, wie bereits der 15er und auch der 23er. An der Reifung sind auch, vermutet, ehemalige Portweinfässer und Sherryfässer beteiligt. Süßrum.

Notizen: Auch hier machen sich Vanille und viel Schokolade breit. Der rauchige Unterton von Holzkohle ist im Abgang spürbar. Samtiger Eindruck, Karamell, Kakao, Zimt, Lebkuchen, dunkle Frucht. Rauchiger als sein jüngerer Bruder. Pfeffernoten, erinnern an Muskat und Kardamom. Unaufdringlich süß wirkend. Etwas markanter als der 15er.

Rum&Co bewertet:
Süße ★★★
Milde ★★★★★
Würze ★★★½
Frucht ★★½

Fazit:
Dunkler Kakaorum.

Presidente Marti 23 Jahre Solera Rum

PLATIN 5.0

Art: Melasse. 40%Vol.
Reife: bis zu 23 Jahre alt. Solera System. Der Rum lagerte in Weißeiche (Bourbon) und vermutlich auch in Portwein- und Sherryfässern. Süßrum.

Notizen: Dunkle Melasse wirkt cremig und weich auf die Geschmacksknospen. Karamell, Toffee und Vanille umschmeicheln den Genießer. Töne von Banane und dunklen Früchten zeigen sich, werden unterstrichen von Mandel und Muskat. Am Ende zeigen sich dunkle Melasse, sanfter Pfeffer und ein langer Abgang, der von einer schönen Rauchnote unterstrichen wird. Seine Süße wirkt dezent, aber spürbar. Vor allem ist er sehr mild und zeigt keine unangenehm kräftigen Holznoten, sondern bezaubert mit den schokoladigen Tönen. Eine tiefe, ruhige See.

Rum&Co bewertet:
Süße ★★★½
Milde ★★★★★
Würze ★★★½
Frucht ★★½

Fazit:
Entspannung für die Seele.

Ron Quorhum

Eine weitere Premium-Reihe der Experten aus der Dominikanischen Republik von Oliver & Oliver. Sie wirken etwas lebhafter (ungestümer, rauher), als die Opthimus-Rums. Des weiteren sind ihnen Orangentöne zu eigen, die sich mit leicht bitterem Karamell vermählen. Dieser Schuss „Bitternote“ lässt sie nicht ganz so süß wirken, gemeinsam mit der rauheren Art sind sie vor allem bei fortgeschrittenen Genießern durchaus sehr beliebt. Sind nicht ganz einfach. Nebenbei spricht man von lediglich 15% Mengenaustausch im Solera Verfahren des Quorhum. Üblich sind normalerweise etwa 33%.

Ron Quorhum 23 Jahre

Art:
Melasse. 40%Vol.

Reife: bis zu 23 Jahre Lagerung. Solera Verfahren.
Quorhum reift in ehemaligen Bourbon-Fässern. Süßrum.

Notizen:
Ausgeprägte Noten von Melasse, Vanille und Honigelementen werden von Zitrus und Karamell unterstützt. Nussig. Sehr langer Nachklang, ein bisschen Schärfe von Pfeffer zu spüren. Honignoten untermalen die Schärfe. Interessant und nicht langweilig. Recht milder Rum, der von aufregenden Nuancen durchbrochen wird. Ein Schatz für Sucher von relativ hoher Milde, die nicht charakterlos versiegt.

Rum&Co bewertet:
Süße ★★★½
Milde ★★★★
Würze ★★★
Frucht ★★★½

Fazit:
Vermutlich der spannendste Quorhum.

Ron Quorhum
30 Jahre

PLATIN
5.0

Art:
Melasse. 40%Vol.

Reife: bis zu 30 Jahren im Fass gelagert. Nach Solera Methode. An der Reife sind Bourbon-Fässer beteiligt. Süßrum.

Notizen:
Wirkt mit leichter Süße, die an Vanille und Karamell erinnert. Viel Würze aus dem Holz, die jedoch gut eingearbeitet ist und markant wirkt. Dem einen oder anderen kann dies zu kräftig erscheinen. Cremig, voll und schwer. Langer, langer Nachklang mit Pfeffernoten und Holzrauch. Bitteres Karamell. Erscheint recht trocken in diesem Stadium und endet so. Der Start ist lieblicher. Üppiges Schwergewicht mit sanfter Struktur.
Sehr beliebt bei vielen Genießern.

Rum&Co bewertet:
Süße ★★★½
Milde ★★★★
Würze ★★★
Frucht ★★★½

Fazit:
Für viele der beste Quorhum.

Ron Quorhum 15 Jahre

GOLD 4.0

Art: Melasse. 40%Vol.

Reife: bis zu 15 Jahren Lagerung. Nach der Solera Methode.
Reift seine Zeit in ehemaligen Bourbon-Fässern, die aus Weißeiche hergestellt werden. Süßrum.

Notizen: Lieblicher Start mit Karamell und Vanille. Etwas Kokos im Hintergrund. Die Holznoten präsentieren sich im Hintergrund, bieten etwas Pfeffer. Insgesamt sehr cremig, mild und „süffig" für Liebhaber von eher Süßrumsorten. Nuss. Wer einen Rum mit Volumen und Aggressivität sucht, sucht vergebens. Rund, mild und eher süß. Bis zum Nachklang. Dann wird es rauher und abenteuerlustiger. Das Bittere macht sich bemerkbar und vertreibt die Süße. Volumen hat er aber schon. Ein Rum für freudige Einsteiger, die mit weniger Milde und Süße auch zurecht kommen.

Rum&Co bewertet:

Süße ★★★½
Milde ★★★½
Würze ★★★
Frucht ★★★½

Fazit:
Tolle Mischung aus Aufregung und Ruhe.

Ron Quorhum 12 Jahre

GOLD 4.0

Art: Melasse. 40%Vol.

Reife: bis maximal 12 Jahre. In der Solera Methode gereift.
Lagert vermutlich ausschließlich in Weißeichefässern, in denen zuvor Bourbon ruhte. Süßrum.

Notizen: Karamell, Vanille, Honig und Nuss. Melasse. Recht süß, mild, mit leichtem Nachbrenner und Merkmale von Pfeffer. Zitrusfrucht, die an Orange erinnert. Der Rum wirkt voll, cremig und hat eine angenehme Süße. Im Nachklang schwebt die typische Holzrauchnote mit. Nicht zu lang. Im Geruch nicht sehr stark. Im Glas auch etwas an Zeit nötig, damit er kräftiger wird. Insgesamt wirkt er eher trocken, schwer und leicht zugleich und „süffig". Für den sehr süßen Geschmack nicht zu empfehlen, da lieber etwas warten.

Rum&Co bewertet:

Süße ★★★½
Milde ★★★½
Würze ★★½
Frucht ★★★

Fazit:
Sehr gutes Preis-/Leistungsverhältnis.

Vizcaya Rum

Vizcaya Rum wird ebenfalls von Oliver & Oliver hergestellt.
Ein New Yorker (Riccardo Giuliano) zog aus, um einen Rum kreieren zu lassen. Am Ende entschied er sich da für Oliver & Oliver. Eine gute Idee, wie wir finden und die Geschichte klingt interessant, ob nun wahr oder nicht.

Vizcaya Rum VXOP Cask 21

PLATIN 5.0

Art:
Zuckerrohrsaft. 40%Vol.

Reife: 8 - 12 Jahre. Blend.
Reift in Fässern aus Weißeiche, die ehemals Bourbon beinhalteten. Keine Informationen über das Solera Verfahren. Vermutlich aber doch, da Oliver & Oliver, soweit uns bekannt, ausschließlich in Solera reifen. Süßrum.

Notizen:
Er wirkt zu Beginn unrund, erscheint dann nach und nach ausgewogen. Würze von Lebkuchen und Karamell taucht auf. Vanille und Banane. Der Rum startet recht süß, gefolgt von einer Spitze pfeffriger Würze und Holznoten. Cremig und leicht zugleich fühlt sich der Rum am Gaumen an. Toffeenoten und wieder Banane. Kardomom mit Muskat. Süße Rosine. Der Nachklang ist sehr, sehr lang und zeichnet sich durch Ananas, Orange und Grasnoten aus. Zitruseindrücke und ausklingende Ingwerschärfe.
Klasse Rum für fortgeschrittene Liebhaber und interessierte Einsteiger. Kein Rum, der von Haus und erstem Eindruck aus gefällig wirkt.

Rum&Co bewertet:

Süße	★★★★
Milde	★★★★
Würze	★★★★
Frucht	★★★½

Fazit:
Faszinierender Rum.

Vizcaya Rum Dark Cask 12

SILBER
3.5

Art:
Zuckerrohrsaft. 40%Vol.

Reife: 6 Jahre. Blend.
Reift in ehemaligen Bourbon-Fässern aus Weißeiche. Süßrum.

Notizen:
Ein wenig bissig zu Beginn. Karamell und Zitrusnoten. Im Mund zum Start aggressiv, im Mittelteil vergeht dies zu einer akzeptablen Milde. Toffee und Karamell in weniger dominanten Ausprägungen. Wirkt leicht und frisch, leicht grasig. Geringe Ananasnoten. Sehr schöner Mixer, eher nicht zum puren Genuss geraten. Im Abgang Ingwerschärfe, Holz und leichte Kokosnoten mit Zitrusklängen. Eine Spur von Karamell. Sehr guter Mixer. Unterliegt seinem älteren Bruder in vielen Teilen deutlich.

Rum&Co bewertet:

Süße	★★★½
Milde	★★½
Würze	★★★
Frucht	★★★

Fazit:
Sehr gehaltvoller, spannender Mixer.

Guatemala

Guatemala ist ein Staat in Zentralamerika und liegt auf der Halbinsel Yucatán. Das Land zeichnet sich vor allem dadurch aus, dass es mehrere verschiedene Klimazonen hat, nur am flachen und fruchtbaren Küstenstreifen am Pazifik herrscht durchgehend feuchttropisches Klima, welches ideale Bedingungen für den Anbau von Zuckerrohr bietet. Dennoch gehört Rum und auch Zucker nicht zu den Haupt-Exportgütern des Landes, sondern sind eher Nebenprodukte. Viel mehr Geld verdient Guatemala mit dem Export von Textilien und Kaffee.
Auch wenn Zucker und Rum nicht zu den größten Export-Schlagern gehören, so gibt es doch an den fruchtbaren Ebenen an der Küste hunderttausende Hektar, die mit Zuckerrohr bepflanzt sind. Im Jahr 1948 wurde in Guatemala eine neue Ära der Rum-Herstellung eingeläutet. Zu dieser Zeit stellten eine Menge Destillerien in den verschiedenen Distrikten Guatemalas Rum für den heimischen Markt her. Durch mangelhafte Transportwege, sprachliche und auch regionale Unterschiede war es schwer, einen Rum landesweit zu vertreiben - aber nicht unmöglich.

In den folgenden Jahren mussten jedoch viele Destillerien aufgeben. Andere legten die Produktion, Reifung und Abfüllung in einer einzigen Destillerie zusammen. Heute ist sie als Industrias Licoreras de Guatemala bekannt. Rum, der in Guatemala hergestellt wird, muss den gesetzlichen Anforderungen des Landes standhalten. Das bedeutet, dass ein Rum nur als solcher bezeichnet werden darf, wenn er aus unbehandeltem, gegorenem Zuckerrohr-Honig hergestellt ist. Dieser dunkle und süße Sirup wird aus gefiltertem, frischem Zuckerrohrsaft hergestellt.
Der Rum muss schließlich auch bei der Reifung den gesetzlichen Vorstellungen entsprechen. Wie in einigen anderen Ländern auch ist es in Guatemala Vorschrift, dass der Rum mindestens 1 Jahr in Eichenfässern reift, bevor er abgefüllt wird.

Ron Botran

Unter der Marke Ron Botran werden eine Reihe von Rums in der Industrias Licoreras de Guatemala hergestellt - derselben Destillerie, in der auch die Zacapa-Rums hergestellt werden.

Die Botran-Familie ist in Guatemala landläufig für den Anbau von Zuckerrohr bekannt. Im Jahr 1939 beschlossen sie, einen neuen Weg zu beschreiten und gründeten die Destillerie Industria Licorera Quetzalteca. Die fünf Brüder waren sich damalig einig, dass Quetzaltenango der ideale Ort in Guatemala wäre, um Rum reifen zu lassen. Von diesem Tag an engagierten sich die Brüder für die Produktion des Rums und kümmerten sich selbst um jedes einzelne Detail.

Bei der Herstellung ihres Rums setzten die Botran-Brüder auf das aufwendige Solera-Verfahren, das die Zusammenführung von jungen und alten Rums beinhaltet, die für Jahre in Fässern aus amerikanischer Weißeiche lagerten.

Die Botrans waren damals die erste Familie, die guatemalischen Rum herstellten - und heute stellen sie einen der weltbesten Qualitätsrums her. Der Ron Botran wird ausschließlich aus Zuckerrohrsaft hergestellt, der mit Hefe vergoren wird. Sie ist (auch) für den besonderen Geschmack des Rums verantwortlich.

Während der Destillation wird der Alkohol von allen Inhaltsstoffen getrennt, die im Rum nicht erwünscht sind. Um alle Inhaltsstoffe zu trennen, ist der Wechsel der Temperatur der Schlüssel. Dabei entwickelt der Alkohol auch seinen Charakter und sein Profil. Zur Reifung wird der Rum schließlich in verschiedene Fässer gefüllt, um die jeweiligen Vorzüge der Fässer zu nutzen. Anschließend prüft der Master Blender jedes einzelne Fass und vermählt, beim Erreichen der besten Qualität, die Rums miteinander.

Botran Solera 1893 Gran Reserva Rum

GOLD
4.0

Art:
Zuckerrohrsaft. 40%Vol.

Reife: bis zu 18 Jahre. Solera.
Zur Reifung werden hauptsächlich Bourbon-Fässern verwendet, im Anschluss ein Finish in ehemaligen Sherry-Barriques und auch Portwein-Fässern. Fast kein Süßrum.

Notizen:
In der Nase zeichnen sich Lebkuchen und Karamellnoten ab. Im Mund zeigt sich der Rum vielseitig. Der erste Eindruck ist trocken mit Noten von Aprikose und Vanille, sowie etwas Leder. Dazu Muskat und vielleicht auch etwas Ananas. Am Ende schwenkt der Rum und gibt Ingwerschärfe zum Besten. Der Abgang ist auf jeden Fall lange. Gespickt mit Pfeffernoten gespickt und dabei relativ trocken. Der Rum könnte den Eindruck von Bissigkeit vermitteln. Einsteigern gefällt dieser Rum eher selten, da sie die Lieblichkeit vermissen. Erfahrene Genießer erfreuen sich an dem präsentierten Volumen und der Vielseitigkeit des Geschmacks.

Rum&Co bewertet:
Süße ★½
Milde ★★★
Würze ★★★★
Frucht ★★★½

Fazit:
Vielseitiger Volumenrum.

Botran Reserva Rum

SILBER
3.5

Art:
Zuckerrohrsaft. 40%Vol.

Reife: bis zu 14 Jahre. Solera.
Fässer: Ex-Bourbon, Ex-Sherry. Ich denke, Portwein gehörte nicht dazu. Kein Süßrum.

Notizen:
Etwas Fruchtigkeit in der Nase, gefolgt von Karamell und Vanille. An den Geschmacksknospen zeigen sich Banane (grün) und Papaya, Spuren von Kokos und dazu Karamell und dunkle Traubenschokolade. Vielleicht auch etwas Rauch und Leder. Im Nachklang dann wieder schärfer werdend, die Milde abblendend und trocken finishen. Weißer Pfeffer in nicht zu knappen Dosen. Intensiv, weniger süß, als der 1893. Kein Einsteiger-Rum, wenn Süße ein Qualitätsmerkmal ist.

Rum&Co bewertet:
Süße ★
Milde ★ ★ ½
Würze ★ ★ ★ ½
Frucht ★ ★ ★ ½

Fazit:
Unbequemer, interessanter Botran.

Licorera Quezalteca

Die Licorera Quezalteca ist, wie wohl alle Rum-Produktionen in Guatemala, ein Tochterunternehmen von Industrias Licoreras de Guatemala. Ihr Sitz ist in Quezaltenago, der zweitgrößten Stadt in Guatemala. Das Unternehmen wurde im Jahr 1930 gegründet und zeichnet für einige sehr gute Rums, wie beispielsweise den Malteco, verantwortlich. Wie es für die Rums aus Guatemala typisch ist, werden auch die Rums der Licorera Quezalteca aus dem „jungfräulichen Honig“ hergestellt, der aus der ersten Pressung des Zuckerrohrs entsteht. Gelagert wird der Rum in Eichenfässern auf 2300 Meter Meereshöhe und profitiert bei der Reifung von der Höhenluft und dem dortigen Klima. Das Ergebnis ist ein Rum, der nicht nur fantastisch schmeckt, sondern auch zu einem wirklich angenehmen Preis erhältlich ist.

Ron Malteco Rum 15 Jahre

SILBER
3.5

Art:
Zuckerrohrsaft. 41,5%Vol.

Reife: 15 Jahre. Blend, Ex-Bourbonfässer. Süßrum.

Notizen:
Vanille im Oberton, süßer Beginn und würzige Noten von Holz. Die Schärfe ist nur kurz vorhanden, ein Aufbäumen, um dann mit Frucht (Pflaume?) und Schokolade zu antworten. Wirkt etwas ungestüm und rauh. Nicht glatt geschliffen und abgefeilt. Recht schwaches Volumen gegenüber z.B. einem Botucal RE. Kann nicht ganz mit den richtig großen Rum-Sorten konkurrieren, dafür wirkt er zu einfach. Gehört zu den leichten und spritzigen seiner Art. Gehört trotz seiner Schwächen in jedes Rum-Regal, da genau auch seine Schwäche eine Stärke ist. Der Rum ist zu jederzeit trinkbar! Malteco 15 passt immer (auch).

Rum&Co bewertet:
Süße ★★★
Milde ★★★½
Würze ★★★½
Frucht ★★★

Fazit:
Etwas dünn, aber schönes Preis-/Leistungsverhältnis.

Ron Malteco Rum 10 Jahre

SILBER 3.5

Art: Zuckerrohrsaft. 40,5%Vol.

Reife: 10 Jahre. Blend.
Lagert in Bourbon-Fässern. Süßrum.

Notizen: Vanilline Töne mit etwas süßen und fruchtigen (ein wenig Pflaume) Merkmalen. Etwas bissig. Nicht glatt geschliffen. Pfeffrige Würze im Geschmack tritt hervor. Im Nachklang würzig und Vanille.
Erreicht nicht ganz die Tiefe höherpreisiger Premium Rums für den puren Genuss. Auf der anderen Seite ein wirklich exzellenter Cocktailrum mit Fruchtsäften!
Das kann er richtig gut.

Rum&Co bewertet:

Süße ★★★
Milde ★★★
Würze ★★★½
Frucht ★★½

Fazit:
Exzellenter Cocktailrum mit einfachen, puren Qualitäten.

Ron Malteco Rum 20 Jahre

GOLD 4.5

Art: Zuckerrohrsaft. 41%Vol.

Reife: 20 Jahre. Blend.
Reifte in ehemaligen Bourbon-Fässern. Süßrum.

Notizen: Kräftige Holzaromen und kräftige dunkle Schokolade sind prägnante Töne. Eher geringe Fruchtnoten (Traube, Feige) vermischen mit Vanille- und Karamelltönen. Cremige Struktur. Sehr langer und attraktiver Nachklang von Süße und Bitterschokolade. Leichte Trockenheit von Holz. Schön tief, aber eher ruhig und etwas schwer. Große Mundfülle, attraktiv. Tolle Mitte aus Lieblichkeit und Trockenheit. Ein richtig guter, würziger Rum mit tollem Geschmack. Kann auch dem einen oder anderen Einsteiger empfohlen werden.

Rum&Co bewertet:

Süße ★★★
Milde ★★★★
Würze ★★★★
Frucht ★★½

Fazit:
DER richtig gute Malteco-Rum, häufig unterschätzt.

Licorera Zacapaneca

Einen Hauch von Luxus umgibt dieses Rum-Haus, dem wir wohl alle irgendwie zu verdanken haben, dass Premium-Rum inzwischen salonfähig ist. Die meisten Genießer „stolpern" eher früher, als später, über einen Zacapa.

Der Ron Zacapa stammt aus der Region Zacapa in Guatemala und wird von der 1930 gegründeten Licorera Zacapaneca hergestellt. Der Rum lagert in 2300 Metern Höhe im „Haus über den Wolken". Dabei profitiert er vom kühlen Bergklima, das den Reifeprozess verlangsamt und so dem Rum die Gelegenheit bietet, zur Ruhe zu kommen.
Der Zacapa unterscheidet sich von vielen Premium-Rums, unter anderem in der Tatsache, dass er nicht aus Melasse hergestellt wird, sondern aus „jungfräulichem Zuckerrohr-Honig" - so nennt man das Konzentrat, das aus der ersten Zuckerrohrpressung hervorgebracht wird. Es ist die Grundlage für den außergewöhnlichen Geschmack.

Ron Zacapa verwendet den „Sistema Solera"-Prozess, der auf einer alten Methode der spanischen Sherry-Herstellung basiert. Er ermöglicht es, dass Rums verschiedener Jahrgänge nacheinander in verschiedenen Fässern lagern. Diese Fässer sind schon einmal benutzt worden und in ihnen reiften vorher amerikanische Whiskys, süße Sherrys oder auch hochwerte Weine lagerten.

Die Master-Blenderin Lorena Vasquez überwacht diesen Reife-Prozess und sorgt dafür, dass er mit professioneller Handwerkskunst und einer großen Portion Hingabe abgerundet wird.

Inzwischen sind alle Produkte des Hauses Zacapa neu „abgestimmt". Weniger süß, da sprechen viele von weniger schmackhaft und zum großen Teil auch in neu designten Flaschen/Verpackungen.

Viele Genießer „weinen" den alten Abfüllungen hinterher, die jetzt nur noch als vereinzelte, sehr teure Restposten auf dem Markt erscheinen. Es wird nicht selten erzählt, die Zacapa Rumsorten waren früher Non-Solera. Das stimmt so nicht. Nach unseren Informationen hat Zacapa schon immer in Solera gereift. Allerdings waren die Rum-Sorten viel süßer!

Seit 2015 erhalten alle Flaschen ein neues Design und der 15er Solera stirbt aus. In naher Zukunft wird es nur noch den Solera 23, den Edicion Negra und den Zacapa XO als Standard-Rums geben.

Ron Zacapa 23 Centenario Sistema Solera

Art:
Zuckerrohrsaft. 40%Vol.

Reife: 6 - 23 Jahre. Solera.
Reift zuerst in ehemaligen Bourbon-Fässern aus Weißeiche, dann in ehemaligen Sherry-Fässern (Oloroso) und anschließend in Pedro Ximinez-Fässern (auch Sherry). Praktisch alle Rumsorten aus dem Hause Zacapa (ausgenommen ist hier nur der Solera 15) reifen nach dieser Grundstruktur. Süßrum.

Notizen:
Trockene Frucht, etwas Nuss, dunkler Kakao, etwas bittere Holzwürze und Honigspuren mit Vanille. Manchmal überwiegt die Süße. Tief und charaktervoll, nicht zu zahm. Würzig. Gebackene Gewürze im Wirbel. Toller Nachklang, recht lang. Durch seine inzwischen reduzierte Süße gefällt er nicht allen Genießern auf Anhieb. Der ein oder andere mag ihn zu „sprittig“ finden. Unbedingt länger im Glas atmen lassen!

Rum&Co bewertet:
Süße ★★★
Milde ★★★
Würze ★★★
Frucht ★★★

Fazit:
Grandioser Rum, der Zeit zum Atmen benötigt!

Ron Zacapa Etiqueta Negra

PLATIN
5.0

Art: Zuckerrohrsaft. 43%Vol.

Reife: 6 - 23 Jahre. Solera System.
Anschlussreifung in Sherry-Fässern von bis zu einem Jahr. Mit 43% ein höheres Volumen, als die Standardabfüllung. Spezielle Edition für den italienischen und deutschen Markt, die die alte „Black Label" Edition ersetzen soll. Süßrum.

Notizen: Intensive Fruchtnoten von Sherry und Kirsche. Schokoladige Klänge von Toffee, dunklem Kakao und etwas Espresso. Dazu zeigen sich Spuren von Aprikose, feiner Vanille und Tabak sowie Leder. Der Körper des Rums wirkt sehr cremig und glänzt mit einer vollen Textur.
Er ist weicher und gleichzeitig intensiv reifer, als der (Standard) 23er. Der Nachfolger des alten „Black Label" ist in vielen Augen nicht so gut, wie die alte Abfüllung. Für sich betrachtet allerdings ist der Negra eine „Augenweide" und eine ganz wundervolle Komposition harmonischer Eindrücke.

Rum&Co bewertet:

Süße ★★★★
Milde ★★★★
Würze ★★★
Frucht ★★★★

Fazit:
Sehr süß, sehr komplex, sehr fruchtig.

Ron Zacapa XO Centenario Solera Rum

PLATIN 5.0

Art: Zuckerrohrsaft. 40%Vol.
Reife: 6 - 25 Jahre. Solera System.
Im Anschluss an die Standardreifung (23er) wird der Rum für etwa zwei Jahre in ehemaligen Cognacfässern aus Limousineiche gelagert. Süßrum.

Notizen: Feinstes Karamell wird von Pfirsich- und Aprikoseneindrücken gestreichelt. Zarte Schokoladenspuren erhalten eine leichte Pfeffernote. Eiche, Würze, Vanille, Traube. Etwas Lebkuchen und Zimt. Lieblich, cremig, weich. Ruhig, tief. Nicht aufdringlich.
Schöner Dessertrum. Sehr langer Abgang, der weich und üppig verklingt. Dabei zeigt sich Schokolade und etwas Trockenfrucht. Keine „sprittigen" Noten, praktisch keine Schärfe, sondern ein durch und durch weicher, lieblicher Rum.

Rum&Co bewertet:
Süße ★★★★
Milde ★★★★★
Würze ★★★
Frucht ★★★

Fazit:
Der Gentleman unter den Zacapas.

Ron Zacapa 23 Straight from the Cask

PLATIN 5.0

Art: Zuckerrohrsaft. 45%Vol.
Reife: 6 - 23 Jahre. Solera.
Neben der Basisreife des 23er Soleras wird der Straight from the Cask in frisch getoasteten Bourbon-Fässern etwa ein halbes Jahr lang gefinished. Süßrum.

Notizen: Vanille, Karamell, Holzkohle. Feine Spuren von Anis und Zimt. Nussige Klänge, dunkle Schokolade. Ein komplexer, würziger und leicht rauchiger Rum. Weniger ruhig, viel aufgewühlter. Süße Kaffeenoten, Röstaromen. Der Rum startet langsam im Mund, um dann gewaltig aufzulegen und seine ganze Kraft zu zeigen. Wiegt schwer, wirkt komplex und ausgeglichen zugleich. Ein furioser Rum mit viel „Power", der nichts für Einsteiger ist. Erst mit „trainierten" Geschmackssinnen wird das großartige Volumen dieses Rums offenbart. Vermutlich wird er allerdings aussterben und nicht ersetzt. Eine Flasche sichern und für den besonderen Moment aufbewahren!

Rum&Co bewertet:
Süße ★★★
Milde ★★
Würze ★★★★★
Frucht ★★

Fazit:
Limitiert, komplex, verdammt gut und viel Kraft.

Ron Zacapa 23 Reserva Limitada 2013

PLATIN 5.0

Art: Zuckerrohrsaft. 45%Vol.
Reife: 6 - 24 Jahre. Solera Methode.
Entsteht aus den „aussortierten“ Rumfässern, die den Geschmack vom „Standard“ 23er nicht treffen. Werden noch einmal mit einem ausgebrannten Eichenfass bearbeitet, um eine Sondernote zu erzielen. Dabei handelt es sich um ein frisch getoastetes PX-Fass. Süßrum.

Notizen:
Kräftige Holznoten, etwas Rauchspuren. Zum Start hin Süße. Im Mittelteil weicht die Süße, wirkt nur noch unterstützend. Fruchtaspekte treffen auf den Gaumen, Pfeffer & Muskatschärfe zeigt sich. Noten von dunkler Schokolade schweben sachte dahin. Aufdringlich, fordernd. Kein gemütlicher Rum. Spannend, eine schäumende Gischt. Turbulenzen, dabei nicht zu tief und zu groß im Volumen. Der Rum wirkt rauh und ungebunden, nicht glattgebügelt und der Masse gefällig. Der Abgang zeigt sich recht lang und beendet, was der Eintritt begonnen hat. Nichts für Fans von hoher Milde und Ausgeglichenheit. Einer der besten der letzten Zeit, ganz ungeschliffen und inzwischen vermutlich vollkommen vergriffen.

Rum&Co bewertet:
Süße ★★★
Milde ★★
Würze ★★★★
Frucht ★★

Fazit:
Der spannendste Zacapa seit langem!

Ron Zacapa 23 Reserva Limitada 2014

PLATIN 5.0

Art: Zuckerrohrsaft. 45%Vol.
Reife: 6 - 24 Jahre. Solera.
Ruhte in Weißeiche (Ex-Bourbon), mehrfach ausgebrannt und zusätzlich zwei Jahre in französischer Limousineiche. Dazu verbrachte der Rum diese letzten Jahre im Kräutergarten der Licorera Zacapaneca, 2.300 Meter über Null. Süßrum.

Notizen: Wenig süßer Eintritt, erinnert an eine herbe Kräuternote. Weich, anschmiegsam. Holznoten, Vanille, Karamell. Etwas Bitterstoffe. Cremig, leicht. Wiegt nicht schwer. Hinterlässt einen mittellangen, recht herben, holzigen Nachklang, ohne dabei typische Pfeffer- & Muskatnoten zu präsentieren. Insgesamt ist er recht lecker, ohne in einer dominanten Süße zu verblassen. Elegant, adrett und nicht zu geschliffen, aber dennoch sehr ausgewogen und rund. Der Limitada 2014 wirkt gleichzeitig bescheiden und voluminös. Spuren von Oregano und Thymian. Hintergründige Rauchfacetten und vielleicht ein wenig Rosine. Viel besser, als erwartet und dennoch so ganz anders, als die „üblichen“ Zacapas. Zumindest auf den zweiten Blick. Ein klasse Rum mit eigenem Charakter.

Rum&Co bewertet:
Süße ★★½
Milde ★★★★½
Würze ★★★★
Frucht ★★½

Fazit: Starker Vintage Rum mit Charakter und Eigenheiten.

Guyana

Guyana ist ein kleiner Staat in Südamerika, der an Brasilien, Venezuela, Suriname und an den Atlantik grenzt. Das Land hat eine ähnliche Geschichte aufzuweisen, wie diese Länder und ist inzwischen für seinen Rum bekannt und berühmt.

Der Anbau von Zuckerrohr und die Produktion von Rum hat eine lange Geschichte in Guyana. Im 17. und 18. Jahrhundert bestand Guyana aus drei niederländischen Kolonien, die allerdings nicht ewig währten. Sklavenaufstände bis zum frühen 19. Jahrhundert veränderten vieles und so wechselten die Kolonien mehrmals zwischen den Niederländern, Franzosen und Engländern. Die Briten waren es aber letztlich, die das Zuckerrohr in das Land brachten und aus den Ernten Rum herstellten.
Das Geschäft mit dem Rum erwies sich schnell als sehr rentabel und so kam es, dass bald jede Zuckerrohrplantage ihren eigenen Rum herstellte und es geschätzte 200 bis 300 Destillerien in Guyana gab.

Der Hauptabnehmer des Rums war zu jener Zeit die britische Marine. Gegen die Seefahrerkrankheiten war es dort üblich, dass jeder Seemann täglich eine Ration Rum erhielt. Anfangs gab es noch 0,5 Liter Rum pro Tag, später wurde die Ration immer weiter gesenkt, bis sie schließlich nur noch 2 cl betrug. Als dann im Juli 1970 der letzte Rum an die Seefahrer ausgegeben wurde, starb nicht nur eine Tradition, sondern mit ihr auch eine große Anzahl an Destillerien.
Anfang der 70er Jahre gab es nur noch drei Destillerien in Guyana: Enmore, Uitvlugt und Diamond. Die Enmore Destillerie stellt seit etwa 1880 Rum her. Leider reichte das nicht aus, um ihren Fortbestand zu sichern und so wurde dort 1995 der letzte Rum gebrannt. Auch die Uitvlugt Destillerie überlebte die Zeit nicht und so ist heute einzig die Diamond Destillerie übrig, die mit den Anlagen der anderen Destillerien noch heute hervorragende Rums produziert.

Demerara Distillers

Die Demerara Distillers Ltd. (gegründet im Jahr 1770) Ist ein international anerkannter Hersteller von mehr als 20 verschiedenen Sorten preisgekrönten Rums, die in Premium-, Standard- und Spezialrums kategorisiert werden. Doch so verschieden die Rums auch sein mögen, sie alle tragen den unverwechselbaren „Demerara-Stempel“, der für Qualität und guten Geschmack steht.

Das Besondere an der Demerara Destillerie sind wohl vor allem die vielen verschiedenen Destillierapparate. Diese Apparate stammen zum größten Teil aus den ehemaligen, jetzt geschlossenen Destillerien aus Guyana. Diese teils schon historischen Stills sind hier noch immer in Betrieb und zeichnen für den hervorragenden Rum verantwortlich, der in ihnen hergestellt wurde. Unter anderem gibt es hier noch eine hölzerne Coffey-Still, eine auch als Versaille-Still bekannte Single-Wooden-Pot-Still und auch einige Kupfer-Pot-Stills und weitere hölzerne Pot-Stills.

Die Demerara Distillers verfügen über 30 Zuckerfabriken und 11 Destillerien. Eine anschauliche Zahl. Kein Wunder, es existieren neben den Standard-Produkten noch so viele spezielle Abfüllungen und Fremdaufträge in aller Welt.

Alle Rums, die bei Demerara destilliert werden, stammen aus dem gleichen Fermentierungsprozess. Die Melasse wird hier zwischen 22 und 24 Stunden vergoren und die Unterschiede der verschiedenen Rums liegen daher hauptsächlich in der Destillation und Lagerung.

Obwohl die Demerara Distillers für viele Rum-Unternehmen wichtig sind und zumindest einen Teil zu vielen Marken beitragen, so ist nur im El Dorado Rum selbst diese einzigartige, eigene und charaktervolle Holznote zu schmecken.

El Dorado Rum 12 Jahre

GOLD
4.5

Art:
Melasse. 40%Vol.

Reife: 12 Jahre. Blended Rum.
Reift in ehemaligen Bourbon-Fässern aus Weißeiche. Zum Teil aus Enmore Stills, Diamond Coffrey Stills und Port Mourant Double Wood Pott Stills.
Ein großartiger Blend. Süßrum.

Notizen:
Explosive Schwere, Melasse, Vanille und dunkle Schokolade, schwache Noten von Zitrus und Orange. Süß, aber nicht überwältigend. Voll, aber nicht überladen. Tief, aber nicht endlos. Schöne Holznote, erinnert an Holzstaub aus der Schreinerei. Langer Nachhall mit warmen Noten von Eiche und etwas Lebkuchen. Perfekte Balance aus Süße, Würze und Aroma.

Rum&Co bewertet:
Süße ★★★½
Milde ★★★★
Würze ★★★
Frucht ★★½

Fazit:
Gehaltvoller Einsteiger-Rum.

El Dorado Rum
15 Jahre

PLATIN
5.0

Art: Melasse. 43%Vol.

Reife: 15 Jahre. Blended Rum.
Ehemalige Bourbon-Fässer dienen der Reifung.

Notizen: Voll und weich, dabei gleichzeitig würzig und intensiv. Mehr Würze, als im 12er, weniger Süße als im 12er (geschmeckt). Orangenschale im Untergrund, Melasse und Eiche im Vordergrund. Noten von dunkler Schokolade und Rosine, die sich bis in das Finish ziehen und dort von Würze begleitet werden. Cremig und sanft, aber gleichzeitig aufbrausend, wenn auch nicht aggressiv. Und wieder der Holzstaub. Genial. Trocken und lieblich zugleich. Für nicht wenige Genießer ist dies einer der größten Rum-Sorten der Welt, in jedem Fall aber ein Rum mit einem sehr genialen Preis-/Leistungsverhältnis.

Rum&Co bewertet:

Süße ★★★
Milde ★★★½
Würze ★★★★
Frucht ★★½

Fazit:
Jeder sollte diesen Rum probiert haben.

El Dorado Rum 21 Jahre

PLATIN 5.0

Art: Melasse. 43%Vol.

Reife: 21 Jahre. Blended Rum.
Reift ebenfalls seine 21 Jahre in Bourbon-Fässern. Süßrum.

Notizen: Komplexes Aroma, fruchtige Eindrücke, Süße, Melasse und Eiche. Trockener, als die Nase erwartet hat. Eine wundervolle Eichenwürze durchfährt die Geschmacksknospen und wird von Rosine, vielleicht etwas Birne und Orange, von Schokolade, von dunklem Toffee, von Zimtspuren, Vanille und Melasse. Absolute Harmonie, keine aggressiven Tendenzen. Tabak. Kokos. Nuss. Grandiose Vermählung aller Aromen zu einem Luxusrum. Komplex und dennoch ausbalanciert. Tief und spannend. Grandioser Nachklang. Rum Reichtum. Schwingt wie ein Seidenteppich über die Geschmacksknospen. Die 43%Vol sorgen für das richtige Volumen und wirken zu keiner Zeit zu kräftig.

Rum&Co bewertet:

Süße ★★★
Milde ★★★★★
Würze ★★★★
Frucht ★★

Fazit:
Eine der weltbesten Standard-abfüllungen!

El Dorado Rum 8 Jahre

GOLD 4.0

Art: Melasse. 40%Vol.

Reife: 8 Jahre. Rum Blend.
Reifung in Ex-Bourbon-Fässern aus amerikanischer Weißeiche. Süßrum.

Notizen:
Würzige Süße am Start, wirkt leichter, als seine älteren Brüder. Dunkles Toffee, Melasse und fruchtige Noten der Traube im Hintergrund. Vanille, Kakao. Leichter Alkoholbiss, aber zu verschmerzen. Ist ja auch nur 8 Jahre jung. Vielleicht etwas Tabak im Hintergrund. Ist ein genialer Rum als Ersatz für Cachacca im Caipirinha, wer das einmal ausprobieren möchte. Jung und reichhaltig zugleich.

Rum&Co bewertet:

Süße ★★★
Milde ★★★★
Würze ★★★
Frucht ★★½

Fazit:
Preiswerter und starker Einstieg in guten Rum.

XM Rum Banks DIH

Die D'Aguiar-Familie ist in Guyana bereits seit mehr als 150 Jahren im Geschäft. In den 1840er Jahren startete Mr. Jose Gomes D'Aguiar, der Gründer, im Rum-Geschäft und weitete es zu einer Reihe von Spirituosen-Shops aus, die er schließlich besaß. 1885 wurde das Geschäft um eine Kakao- und Schokoladenfabrik erweitert. Mit der Zeit kamen weitere Geschäftszweige hinzu. Im Laufe der Jahrzehnte gingen die Geschäfte durch die Hände verschiedener Familienmitglieder, bevor schließlich 1934 der 22-jährige Peter D'Aguiar die Geschäfte übernahm. Er konzentrierte sich von Anfang an ausschließlich auf die Produktion von Rum und diversen Soft-Drinks und lieh sich Geld, um die Produktion zu finanzieren. Schon bald konnte er alle Schulden begleichen und das Geschäft begann zu florieren.
1942 erwarb Peter dann die Franchise-Lizenz für Pepsi-Cola. Auch die Rum-Produktion expandierte zu dieser Zeit und 1959 wurde XM Rum erstmals zur Nr. 1 Rum in Guayana. Die 50er und 60er Jahre standen ganz im Zeichen verschiedener Umfirmierungen und Zusammenschlüsse, die schließlich zu der Gründung der Banks DIH Limited führte, welche noch heute für die Produktion des XM Rums verantwortlich ist. Hergestellt wird der Rum, in seiner Basis, von den Demerara Distillers.

XM steht für Extra Mature. D.h. Jeder der gereiften Rum-Sorten entspringt sehr alten Reserven, die in ausgebrannten Eichenfässern, ehemaligen Sherry-Fässern oder ehemaligen Bourbon-Fässern lagern.
Unter der Aufsicht des Master Blenders werden die Rum-Sorten in der „Thirst Park Facility" vermengt.
Durch die Vermischung solch alter Sorten mit individueller Reifung entstehen ungewöhnliche und vielfältige Aromen.

XM 12 Jahre Special Rum

GOLD
4.5

Art:
Melasse. 40%Vol.

Reife: 12 Jahre. Blend.
Der 12jährige Rum stammt von den Demerara Distillers. Banks DIH verpasst ihm eine Anschlussreife von etwa einem halben Jahr in ehemaligen Sherry-Fässern und füllt den Rum anschließend selbst ab. Süßrum.

Notizen:
Dunkle Schokolade und dunkle Frucht (Marmelade?). Spiegelt sich im Geschmack. Etwas Banane, etwas Bitterkeit, etwas weniger süß. Orange. Holzwürze ohne viel Pfeffer und Ingwer bleibt ein wenig präsent, lange nicht übertrieben, aber zu merken, es ist ein Rum. Sehr lebhaft, nicht zu glatt. Wirkt etwas leichter im Untergrund. Nusselemente, vielleicht etwas Kaffee? Hält sich lange süß mit wenigen Bitternoten, um im Nachklang noch einmal etwas Muskatschärfe in geringen Dosen abzugeben. Leichte Bitterorange im Nachhall mit Elementen von Marzipan. Dunkle Kakaonote. Im Verhältnis zum El Dorado Rum fehlt ihm die typische Dorado-Holzwürze.

Rum&Co bewertet:
Süße ★★★½
Milde ★★★★
Würze ★★★
Frucht ★★★½

Fazit:
Unglaublich spannende Alternative zum El Dorado Rum.

XM 15 Jahre Supreme

Art:
Melasse. 40%Vol.

Reife: 15 Jahre. Blend.
Grundreife in Bourbon, Nachreife in Sherry. Süßrum.

Notizen:
Schwer und würzig. Banane, dunkle Frucht und dunkle Toffeenoten. Zitruselemente, Orangenschale. Wirkt cremig und üppig. Voll und tief. Samtig und sehr würzig. Im Start und Mittelteil gut zu merken, dann Kakaospuren.
Wenig Eiche, etwas Kaffee, etwas Nuss. Dunkle Schokolade im Nachklang, gepaart mit sanfter Würze. Edel. Sehr leckerer Pur-Rum mit weniger aufdringlichen Süßakzenten.

Rum&Co bewertet:
Süße ★★★
Milde ★★★★½
Würze ★★★½
Frucht ★★½

Fazit:
Obwohl ein fantastischer Rum, so unterliegt er in der Komplexität dem El Dorado 15.

Indien

Indien steht bei den meisten Menschen für Yoga, Ayurveda und vielleicht auch IT-Dienstleistungen. Kaum jemand weiß, dass das asiatische Land einer der größten Rum-Produzenten weltweit ist.

Indien ist ein südasiatischer Staat, der im Norden an den Himalaya grenzt und im Süden vom Indischen Ozean umschlossen wird. Außerdem grenzt Indien an die Länder Pakistan, Tibet, Nepal, Bhutan, Birma und Bangladesch. Zu den Nachbarländern im Indischen Ozean zählen Sri Lanka und die Malediven. Mit über 1,2 Milliarden Einwohnern ist Indien das Land mit der zweitgrößten Bevölkerung der Erde.
Bedenkt man die Tatsache, dass die ersten Zuckerrohrpflanzen, die durch Kolumbus in die Karibik gelangten, aus Asien stammten, so ist es fast schon unglaublich, dass die Geschichte der Rumproduktion in Indien noch sehr jung ist. Erst im 20. Jahrhundert kam die industrielle Produktion von Rum in Indien auf.

Jedoch wurden schon um 350 vor Christi Getränke, die auf vergorenem Zuckerrohrsaft basierten, in Indien getrunken. Also schon lange bevor die ersten Zuckerrohrpflanzen-Setzlinge ihren Weg in die Neue Welt fanden. Heutzutage gibt es in Indien eine Vielzahl von Destillerien, die Rum produzieren. Es gibt jedoch nur wenige, die ausschließlich Rum produzieren. Viel häufiger sind es große Mischkonzerne.
In Asien herrschen perfekte klimatische Bedingungen vor, die Voraussetzungen sind also ideal für die Herstellung außergewöhnlicher Rum-Sorten. Rum aus Indien überzeugt häufig durch ein überaus faires Preis-/Leistungsverhältnis und überzeugt Genießer vor allem dann, wenn sie auf Süße verzichten können.

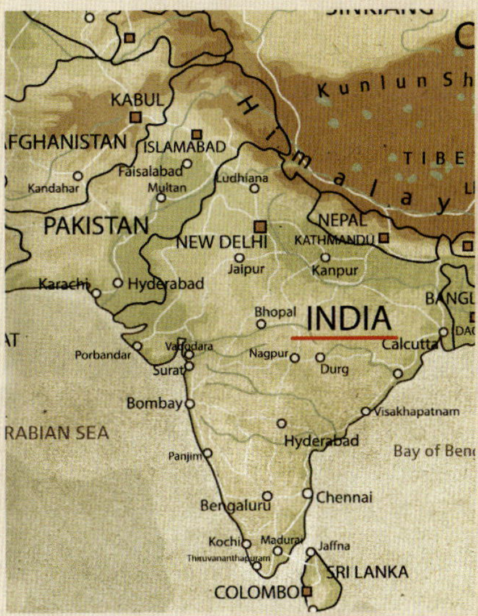

Indischer Rum ist in vielen verschiedenen Farbtönen erhältlich und bietet auch geschmacklich eine große Vielfalt. Mit Nuancen von Karamell, Toffeebonbon oder auch Gebäck schmeichelt er dem Gaumen und mutet schon fast weihnachtlich an. Das Geschmackserlebnis gestaltet sich sehr weich und mild; das lang anhaltende Finish unterstreicht den würzig, süßen Geschmack der Rumsorten. Die Aromen verlassen auf sanfte Art und Weise den Mund des Genießers.

Mohan Meakin Destillerie

In Ghaziabad im Bundesstaat Uttar Pradesh ist die Destillerie Mohan Meakin Limited ansässig und produziert dort einen Rum, der zu den beliebtesten Indiens zählt und auch in vielen anderen Ländern auf der Welt gern getrunken wird. Der Rum wird von Neulingen und Kennern gleichermaßen gemocht und ist für viele eine echte Überraschung.

Ursprünglich war die Destellerie Mohan Meakin eine reine Bier-Brauerei, die sogar das erste Bier Indiens produzierte.
Gegründet wurde sie schon im Jahr 1855, aber erst in den 1960er Jahren wurde das Sortiment der ehemaligen Brauerei erweitert und inzwischen wird neben Rum und Bier auch Gin, Wodka und Whisky hergestellt. Es gibt also einiges zu entdecken.

Old Monk Rum 12 Jahre

GOLD
4.0

Art: Melasse. 42,8%Vol.

Reife: 12 Jahre. Blend.
Reift in Indien in Eichenfässern aus Weißeiche. Ex-Bourbon-Fässer. Süßrum.

Notizen:
Fruchtnoten (Banane, Dörrobst, Feige, Orange) vermengen sich mit Schokolade, Melasse und Eiche. Lebkuchenaromen liegen darunter, zeigen sich nur zart. Der typische Vanillegeschmack vieler Rum-Sorten erscheint nicht nervtötend im Vordergrund, sondern allenfalls seicht am Rande. Walnuss, Tabak. Trockenheit und Süße messen sich auf der Zunge. Kräftig würzig. Zimt, Pfeffer. Der relativ geringe preisliche Anstieg vom 7jährigen zum 12jährigen ist es allemal wert, sofort den 12jährigen zu wählen. Hier wird recht viel geboten, wenn auch immer noch eine leichte, alkoholische Note mitschwingt. Wer nur einen milden Rum sucht, für den ist der Old Monk 12 eher nicht zu empfehlen. Noch nicht.

Rum&Co bewertet:
Süße ★★★
Milde ★★★
Würze ★★★★
Frucht ★★

Fazit: Schöne Aromen-Vielfalt mit leicht „sprittigem“ Beifall.

Old Monk Rum 7 Jahre

SILBER
3.5

Art:
Melasse. 42,8%Vol.

Reife: 7 Jahre. Blend.
Ex-Bourbon-Fässer aus Weißeiche. Süßrum.

Notizen:
Kräftig, Noten von Schokolade, Lebkuchen und Orangenschale vermengen zu einem recht angenehmen Aromenteppich. Rosine. Bitterkaramell. Noch etwas intensiv und kräftig durch den Alkohol, aber schon recht komplex. Wem Milde sehr wichtig ist, der ist hier eher schlecht aufgehoben. Viel Volumen, strukturiert und weniger samtig. Toller Einstieg in indischen Rum. Facettenreich! Auf Einsteiger wird der Rum eher etwas roh und ruppig wirken: „Mangelnde Milde, nicht süß genug und zu scharf".

Rum&Co bewertet:
Süße ★★★
Milde ★★
Würze ★★★½
Frucht ★★

Fazit:
Unvertrauter Einstieg in Indien-Rum.

Jamaika

Neben Kuba gibt es wohl nur ein Land, dass genauso für Rum und ein ausgelassenes Lebensgefühl steht: Jamaika! Der Jamaika-Rum, genossen an einem weißen Strand mit Reggae-Rhythmen im Hintergrund, kommt dem Bild von einem Paradies für viele sehr nahe. Tatsächlich spielt der Rum eine große Rolle im täglichen Leben der Jamaikaner und das nicht nur, weil die Rumproduktion auf Jamaika für viele Arbeitsplätze sorgt.

Der Inselstaat Jamaika liegt in der Karibik und ist die drittgrößte Insel der Antillen. Sie liegt etwa 145 Kilometer südlich von Kuba und wird durch den Jamaika Channel im Westen von den Staaten Haiti und der Dominikanischen Republik getrennt.

Spanish Town, einer der ältesten Städte Jamaikas, ist heute das Zentrum eines Anbaugebiets für Zuckerrohr, das hier weiterverarbeitet wird. Dementsprechend finden sich viele Destillerien in der Stadt und um sie herum.

Jamaika und der Rum sind seit vielen Jahrhunderten eng miteinander verbunden. Als Christoph Kolumbus 1494 die Insel bei seiner zweiten Expedition ansteuerte, kamen mit ihm die ersten Europäer auf die karibische Insel. Mit der Besatzung der Spanier um 1509 wurden die Ureinwohner der Insel praktisch ausgerottet und wenige Jahre später durch afrikanische Sklaven ersetzt. In dieser Zeit begann auch der Anbau von Zuckerrohr auf der Insel.

Auch die Herstellung von Rum begann. Als Hauptabnehmer fanden sich die britischen Soldaten, denen sogar eine tägliche Portion Rum per Gesetz zustand. Viele Freibeuter setzten ebenfalls auf das Getränk aus Jamaika, um sich Mut und Entspannung einzuverleiben.

Aufgrund der hohen Nachfrage und der treuen Kundschaft eröffneten zu dieser Zeit viele kleine Destillerien.

Bis heute sind der Anbau und die Verarbeitung von Zuckerrohr ein zentraler Wirtschaftszweig auf Jamaika und schafft viele Arbeitsplätze. Bei der Rum-Produktion gibt es heute vor allem zwei große Destillerien, die weit über die Grenzen der Karibik hinaus bekannt sind: Wray und Nephew, zu denen unter anderem Appleton Estate zählt, und National Rums of Jamaica. Als großer Abnehmer der Destillerien von Jamaika ist vor allem Captain Morgan bekannt.

Appleton Estate

Appleton Estate ist die älteste Rumbrennerei und unterhält die ältesten Zuckerrohrplantagen auf Jamaika. Nicht ohne Grund bezeichnet man sich dort als Hauptwirtschaftsfaktor und gleichzeitig auch Pionier der Insel. Offiziell wurde die Destillerie 1749 zum ersten Mal genannt, man geht allerdings davon aus, dass die Ursprünge bis ins Jahr 1655 zurückreichen. Zu der Zeit übernahmen die Briten die Kontrolle über die Insel von den Spaniern.

Untrennbar mit der Geschichte von Appleton Estate ist die Familie Dickinson verbunden. Laut den Überlieferungen hat Frances Dickinson eine tragende Rolle beim Feldzug der Briten gespielt und wurde dafür mit Land und Reichtum belohnt. Die Enkel von Dickinson gelten als die ersten offiziellen Besitzer von Appleton Estate, jedoch wurde von ihnen noch kein Rum produziert.

Als das Anwesen zur Mitte des 19. Jahrhunderts schließlich aus dem Familienbesitz an William Hill übertragen wurde, gab es schon eine Destillerie. Dass Appleton Estate heute so bekannt und beliebt ist, liegt aber wohl am erfolgreichen Unternehmer A. McDowell Nathan, der die Plantage samt Destillerie später aufkaufte und den Grundstein für das legte, was heute zur Rum-Elite gehört. Zu Beginn des 20. Jahrhunderts kaufte schließlich J. Wray & Nephew Ltd., ein großer Konzern aus dem Spirituosen-Bereich, die Destillerie und führt sie bis heute weiter.

Das Anbaugebiet für das Zuckerrohr, welches für die Destillate verwendet wird, umfasst mehr als 11.000 ha Landfläche. Das Zuckerrohr wird hier teilweise maschinell, teilweise aber auch noch manuell mit Macheten geerntet. Aus den unterschiedlichen Destillaten werden größtenteils Blended Rums hergestellt deren Produktion ein Höchstmaß an Erfahrung und Expertise voraussetzt. Es werden Rums mit verschiedenen Altersstufen produziert, die teilweise sehr dunkel und melasselastig sind.

Appleton Estate Extra 12 Jahre

GOLD 4.0

Art:
Melasse. 43%Vol.

Reife: 12 Jahre. Blend.
Bourbon-Fass. Kein Süßrum.

Notizen:
Fruchtige Noten von Orangenschale, gefolgt von gebrannter Nuss. Vanille in sanfter Art darüber, gefolgt von dunklen Beeren. Zart zu Beginn, Eiche, Pfeffer, Kirsche und Holz. Mandeln. Klar und rein, nicht schwer, dennoch seidige Struktur. Nicht überfordernd, schöne Tiefe, aber nicht zu krass. Für Fans von sehr milden Rumsorten auch nicht zu empfehlen, da die fehlende Süße auch als aggressiv wahrgenommen wird.
Häufig gefällt er erst den fortgeschrittenen Genießern, so wie er ist.

Rum&Co bewertet:
Süße ★
Milde ★★★
Würze ★★★½
Frucht ★★★

Fazit:
Für den Preis echt gut.

Appleton Estate
21 Jahre Rum

GOLD
4.5

Art:
Melasse. 43%Vol.

Reife: 21 Jahre. Blend.
Auch hier setzt man auf ehemalige Bourbon-Fässer. Kein Süßrum.

Notizen:
Fruchtnoten von Orange und Zitrus. Anregende Klänge von Rosine und Schokolade, getragen von feinem Pfeffer und Tabakwürze, sowie Holznoten. Kein süßer Start, sondern intensive Aromen gleich zu Beginn. Leichte Trockenheit. Nussaromen, intensiv, Banane und Ananas. Schwerer Körper, durchdringend und kraftvoll. Mild als Alkoholempfinden. Sehr schwer zu durchschauen, etwas mehr Süße hätte ihm (vermutlich) gut getan, um der breiten Masse zu gefallen. Eiche und Schärfe, sowie ein bittersüßer Abgang verhelfen ihm zu einem Statement für Individualisten, die wenig Süße bevorzugen.

Rum&Co bewertet:

Süße	★
Milde	★★★★
Würze	★★★★
Frucht	★★★½

Fazit:
Intensiv. Frucht. Würze.

Captain Morgan

Als der junge Henry Morgan 1654 seine Heimat Wales verließ und sich auf den Weg in die Karibik machte, ahnte er noch nicht, dass er Jahrhunderte nach seinem Tod ein Symbol für einen Rum werden würde, der weltweit berühmt und beliebt ist: der Captain Morgan Rum.

Henry Morgan selbst wurde zu seiner Zeit als Freibeuter bekannt, wurde in den Adelsstand erhoben und 1680 war er als Sir Henry Morgan Plantagenbesitzer und auch Gouverneur von Jamaika.

Den Captain Morgan Rum haben wir jedoch jemand anderes zu verdanken. Sam Bronfman, Präsident und CEO der Seagram`s Drinks Company, kam in den 40er Jahren in die Karibik und war vom ersten Moment an von den Möglichkeiten begeistert, die der aromatisierte Rum auf der Insel bot und setzte seine Energie schnell dafür ein. Schon wenig später gründete er die Captain Morgan Rum Company und kaufte eine Destillerie sowie ein Rezept für aromatisierten Rum von zwei Apotheker-Brüdern.

Im Jahr 2004 gehörte Captain Morgan Rum mit mehr als 54 Millionen Litern zu den am meisten verkauften Rum-Sorten der Welt. Inzwischen ist es eine Bezeichnungsfrage und der Spiced Gold ist offiziell kein Rum mehr.

Captain Morgan Private Stock

SILBER
3.0

Art:
Melasse. 40%Vol.

Reife: etwa 10-12 Jahre. Blend.
Reift in ehemaligen Bourbon-Whiskey-Fässern. Süßrum. Aromatisiert!

Notizen:
Vanille, Vanille und Vanille. Etwas Karamell. Würzige Noten von Zimt und irgendetwas, das an Ingwer erinnert. Kräftig süß. Kräftige Spuren von Eiche, die die Süße etwas auflockern und ihr, zumindest kurzweilig, etwas Paroli bieten. Dann wieder diese Süße. Und Vanille! Ein süßer Brei, klebrig, nicht filigran und nicht komplex. Üppig, fast schon süffig, ohne Tiefgang. Nicht wenige Einsteiger würden ihn vermutlich höher bewerten.

Rum&Co bewertet:
Süße ★★★★
Milde ★★★
Würze ★★★½
Frucht ★★

Fazit:
Der ist nur Vanille und süß.
Sonst nichts.

Kolumbien

Die Republik Kolumbien liegt im nördlichen Teil von Südamerika und trägt seinen Namen zu Ehren von Christoph Kolumbus, der allerdings das Land nie selbst betreten hat. Entgegen der Meinung vieler, war nicht er es, der Kolumbien „entdeckt“ hat, sondern es waren seine beiden Landsmänner Alonso de Ojeda und Amerigo Vespucci.
Die Geschichte Kolumbiens gleicht der vieler anderer Länder in Südamerika. Die Europäer brachten nicht nur Gutes mit in das Land. Mit Errichtung der Kolonien wurden auch Sklaven nach Kolumbien gebracht, die in Bergwerken und auf Plantagen eingesetzt wurden, um die reichen Bodenschätze des Landes zu ernten. Und wie in vielen Nachbarländern auch, war es für Kolumbien ein langer Weg, die Unabhängigkeit zu erreichen.

Heute hört man viel über das südamerikanische Land, doch leider nicht nur Positives. Drogen sind beispielsweise ein großes Problem in dem Land und auch die politische Situation ist schwierig. Doch es gibt auch viel Gutes aus Kolumbien. So gehört die Republik zu den größten Exporteuren von Schnittblumen und auch der Kaffee, der Reis, Zucker und natürlich Rum werden exportiert.

Das Zuckerrohr ist im Übrigen ein wichtiger Bestandteil der kolumbianischen Wirtschaft. Etwa 10 Prozent des verfügbaren Ackerlands ist mit Zuckerrohr bepflanzt. Ein Großteil der Plantagen befindet sich Südwesten des Landes, im Bundesstaat Cauca. Die Zuckerrohrernte wird natürlich hauptsächlich zur Produktion von Zucker verwendet, aber natürlich wird auch Rum produziert, der über die Grenzen des Landes hinaus beliebt ist.

Destileria Columbiana

Der Dictador aus der Destileria Columbiana kann wahrlich als internationaler Rum bezeichnet werden: Es ist ein kolumbianischer Rum, hergestellt in europäischen Destillationsanlagen und abgefüllt in japanischen Flaschen. Das allein ist schon besonders, aber auch der Rum an sich hat eine Menge zu bieten und begeistert viele Kenner auf der ganzen Welt.

Die Dictador Destileria Columbiana wurde 1913 gegründet, jedoch reicht die Geschichte dieses Rums und somit auch seiner Herstellung viel weiter zurück. Als Severo Arango y Ferro um 1750 als spanischer Gesandter die wirtschaftliche Zusammenarbeit von Spanien und Amerika verbessern sollte, lernte er den Rum kennen und lieben. Schon beim ersten Kontakt mit dem süßen, tropischen Elixier war er mehr als nur begeistert und beschloss, selbst zu einem wichtigen Hersteller und auch Händler von Rum zu werden.

Der Spanier war in Kolumbien übrigens unter dem Namen Dictador bekannt, seine Strenge und Stärke eilte ihm als Ruf voraus. Einer seiner Nachfahren, Don Julio Arango y Parra, gründete im Jahr 1913 schließlich die Destileria Columbiana und setzte so fast 180 Jahre nach dem „Dictador" das Vorhaben für sich um. Sein Nachfahre und gleichzeitig Erbe der Destillerie, Don Angel, studierte schließlich das interessante Leben des Dictadors und lernte von den besten Rum-Produzenten der Karibik alles über die Herstellung des Rums.

Die dritte Generation der Familie beschloss schließlich, dass das Geheimnis des Dictadors in die Welt hinaus getragen werden sollte und ging mit dem hergestellten Rum auf den internationalen Markt. Während dieser Zeit der Expansion wurden Investoren aus Europa auf das Unternehmen aufmerksam, begeisterten sich für die Geschichte und die Geheimnisse des Rums und beschlossen, ihr Wissen, ihre Erfahrung und vor allem ihr Kapital in die Destillerie zu investieren.

Das Ergebnis aus diesen Bemühungen können wir heute genießen.

Destileria Columbiana stellt mit der Dictador Serie sehr spezielle Rumsorten her, mit ganz individuellen (Kaffee)Noten. Ihnen allen gemein ist: Sie gehören nicht zu den Süßrums und spalten deshalb nicht selten die Lager des Geschmacks. Neben Rum produziert die Destileria auch hervorragenden Gin.

Dictador Solera Rum
20 Jahre

PLATIN
5.0

Art:
Zuckerrohrsaft. 40%Vol.

Reife: bis zu 20 Jahre. Solera System.
Besteht aus Teilen von Column Stills und Pott Stills. Das gewährt diesem Rum Frische und üppige Schwere zugleich.
Reifte in ehemaligen Bourbon- und Sherryfässern.
Kein Süßrum.

Notizen:
Dunkles Karamell, Vanille und Honig buhlen mit geröstetem, schwerem Kaffee und Nuss. Tabak im Hintergrund. Holznoten sind recht vordergründig, aber gut ausbalanciert. Dem einen oder anderen sicher zu viel. Sehr cremige Struktur, weich und mild mit spürbarem, positivem Biss. Erst im Nachklang machen sich leichte Leder-, Holz- und Rauchnoten bemerkbar. Dunkle Schokolade schließt sich an. Komplex und tief. Recht trockenes Ende, in der Mitte Bitterschokolade. Einzigartige Kaffeenote. Für viele Genießer einfach nicht süß genug.

Rum&Co bewertet:
Süße ★
Milde ★ ★ ★ ★ ½
Würze ★ ★ ★ ★
Frucht ★ ★

Fazit:
Geniales Kaffee-Aroma.

Dictador Solera Rum 12 Jahre

GOLD 4.0

Art:
Zuckerrohrsaft. 40%Vol.

Reife: bis zu 12 Jahre. Solera System.
Bourbon-Fässer und Sherry-Fässer. Kein Süßrum.

Notizen:
Etwas Eiche, weniger als im 20er. Er wirkt leicht süßer (nur wirken), zeigt etwas frische Walnuss. Espresso und Vanille. Bitterkaramell. Bittere Schokolade. Zitruselemente! Der Rum wirkt samtig und weich, nicht besonders tief. Hervorragender Einsteiger-Rum mit eigenständigem Kaffeearoma, aber ohne Süße.

Rum&Co bewertet:
Süße ★
Milde ★★★½
Würze ★★★½
Frucht ★★½

Fazit:
Der etwas andere Einsteiger-Rum.
Kein Massenprodukt!

Dictador Solera Rum XO Perpetual

PLATIN 5.0

Art: Zuckerrohrsaft. 40%Vol.

Reife: bis zu 25 Jahre. Solera.
Der Perpetual reift in ehemaligen Bourbon-Fässern und ansonsten in keinen anderen. Das ist außergewöhnlich für einen Dictador Rum. Das gibt ihm auf der anderen Seite seine Einzigartigkeit in der Einzigartigkeit der Dictador Rums unter den Dictador Rums. Kein Süßrum.

Notizen: Betörend und volles Aroma. Schwer und üppig. Fruchtig. Karamell. Dann dunkles Toffee und Vanille. Zimt. Marzipan, Tabak. Muskatschärfe. Rauchspuren. Im Mund praktisch keine Süße. Leicht bis mittelschwer, gegenüber dem üppigen Aroma. Zitruselemente. Würze. Eiche. Vanille. Zimt. Sehr weich, sehr leicht. Lecker. Warm. Fein. Filigran.
Toller Rum.

Rum&Co bewertet:
Süße ★
Milde ★★★★★
Würze ★★★½
Frucht ★★½

Fazit:
Der Vanille-Dictador-Kaffee-Rum.

Dictador Solera Rum XO Insolent

PLATIN 5.0

Art: Zuckerrohrsaft. 40%Vol.

Reife: bis zu 25 Jahre alt. Solera.
Reift in Bourbon-Fässern und Sherry-Fässern, wie bereits der 12er und der 20er. Dazu reift der Rum außerdem in Portwein-Fässern und Cognac-Fässern. Kein Süßrum.

Notizen: Lustvoll und aromatisch. Karamell, Vanille, Walnuss und Erdnuss. Eiche, Schokolade. Wärme. Eiche. Muskat. Pfeffer. Butterkaramell. Kirsche, Vanille, Aprikose, Kaffee. Rauchnoten. Komplex. Weich. Ausgewogen. Banane. Papaya. Trockenfrucht. Espresso. Genial. Der komplexeste der ganzen Dictador-Familie, was den anderen gefehlt hat, ist hier mit drin. Note: 5,5. Kein bisschen süß. Eine Aromenbombe.

Rum&Co bewertet:
Süße ★
Milde ★★★★★
Würze ★★★½
Frucht ★★½

Fazit:
Der komplexeste aller Dictador Rums.

Kuba

Sonne, Wärme, Salsa-Musik und Zigarren. Beim Gedanken an Kuba kommen einem viele schöne Dinge in den Sinn und bei keiner dieser Vorstellungen sollte ein Rum fehlen. Grund genug, das Land näher vorzustellen.

Kuba ist ein Inselstaat, der in der Karibik liegt. Eingerahmt wird es von dem Golf von Mexiko, dem Atlantischen Ozean und dem Karibischen Meer. Seine Hauptstadt ist Havanna. (Richtig, Havanna wird mit zwei N geschrieben, während der Rum Havana Club nur eines im Namen trägt).

Vergleicht man Kuba mit anderen karibischen Inseln, war der Inselstaat schon fast ein Spätzünder im Bereich der Rumproduktion. Dennoch gab es schon 1861 auf Kuba schon über 100 Destillerien, doch einen richtigen Aufschwung gab es wohl erst Anfang des 19 Jahrhunderts, als der Spanier und Weinkenner Don Facundo Bacardi Massó nach Santiago de Cuba kam. Ihm gelang es als Erstem einen Rum zu schaffen, der genauso leicht wie auch bekömmlich war. So kaufte er 1862 eine kleine Destillerie und die Firma Bacardi wurde gegründet.
Im Anschluss an die kubanische Revolution wurden 1961 fast alle landwirtschaftlichen und produzierenden Betriebe verstaatlicht und auch die Destillerien waren davon betroffen. Viele Destillerie-Besitzer wie Bacardi oder Arechabals (Havana Club) verließen daraufhin Kuba.
Als die USA das Handelsembargo gegen Kuba verhängte, gingen auch die Verkaufszahlen beim Rum zurück. Während das bei anderen Export-Produkten zum Desaster führen konnte, war es für den Rum eher positiv. Auf diesem Weg hatte er die Möglichkeit, weiter zu reifen und somit auch an Qualität zu gewinnen. Der Absatz stieg erst wieder an, als der kubanische Staat für die Vermarktung des Havana Club Rums eine Kooperation mit Pernod Ricard einging.

Inzwischen gibt es auf Kuba viele kleine und mittlere Destillerien, die größtenteils für den einheimischen Markt produzieren. Große und alt eingesessene Destillerien wie Havana Club oder auch Caribbean Club exportieren weiterhin ins Ausland, aber der Großteil des auf Kubas hergestellten Rums wird noch immer im Inland verkauft, denn der Rum ist und bleibt das Nationalgetränk auf Kuba.

Havana Club

Havana Club ist in den Augen vieler ein Synonym für kubanischen Rum. Der Rum wurde 1935 in den Markt eingeführt und wird seit 1993 von dem französischen Unternehmen Pernod Ricard vertrieben. Mit der Vertriebsübernahme ist auch der Absatz des Rums weltweit gestiegen und ist überall beliebt. Von jungem weißen Rum bis hin zum extra-alten Rum hat der Rum-Produzent dabei einiges zu bieten.

Der Havana Club Rum verkörpert die Tradition Kubas in der Rum-Herstellung - und darauf ist man auch sehr stolz. Die Maestros Roneros, die für die Reifung und das Blending des Rums bei Havana Club verantwortlich sind, verfügen über ein einzigartiges Know-how und setzen dieses beim Destillieren, Altern und dem Blending des Rums gekonnt ein. Dabei ist der Rum-Hersteller so eng mit der kubanischen Kultur verbunden, dass er von den Kubanern selbst als Sinnbild für ihr Land betrachtet wird.

Havana Club profitiert stark von dem guten Klima und dem hervorragenden Boden Kubas. Zur Herstellung des Rums wählt man dabei bei Havana Club nur die frischeste Melasse aus, die dann gemischt mit Hefe und reinstem Wasser für einige Tage fermentiert wird.
Nach der Destillation, die in Kolonnen (Column Still) durchgeführt wird, ist die Seele des Havana Rums fertig und durch Reifung und Blending wird das Destillat schließlich zum fertigen Produkt.

Bei Havana Club legt man viel Wert auf die kubanische Tradition und so ist auch die Kunde des Alterns (auch Anejamiento genannt) an die Geschichte des Rums im Land angepasst. Wiederholt wird der Rum in ausgesuchten Fässern gelagert, beim Blending mit anderen Rums vermischt und so zu einem einzigartigen Rum gemacht. Die genauen Rezepturen sind jedoch ein Geheimnis, welches nur die ranghöchsten Maestros Roneros kennen und das sie auch streng behüten. Obwohl Havana Club keine „schlechten" Rum-Sorten herstellt, so empfehlen wir gerne andere Marken aus Kuba. Bei Havana Club wird die Werbung immer ein wenig mitbezahlt!

Havana Club Rum 7 Jahre

SILBER
3.5

Art:
Melasse. 40%Vol.

Reife: 7 Jahre. Blend.
Bourbonfass. Kein Süßrum.

Notizen:
Rauchigkeit ist vorhanden, Rosinen und eine Tabaklederkombination. Teilweise erinnert der Geschmack auch an Birne. Melasse- und braune Zuckersüße werden von leichten Bitterholznoten gestoppt. Heiße Pfeffernoten mischen mit und irgendwie auch Spuren von Metallgeschmack. Er ist etwas scharf, nicht gerade mild. Sprittige Noten sind ihm noch zu eigen. Wird nicht wirklich als Premium Rum angesehen. Eignet sich eher zum Mixen, als zum Pur genießen. Die fehlende Süße im Rum wird hervorragend durch die Süße der Cola ergänzt. Vielen Europäern gefällt genau das.

Rum&Co bewertet:
Süße ★
Milde ★ ★ ★
Würze ★ ★ ★ ½
Frucht ★ ★

Fazit:
Recht einfacher, brauner Mischrum mit typischen Kuba-Elementen.

Havana Club Rum Seleccion de Maestros

GOLD 4.0

Art: Melasse. 45%Vol.

Reife: mindestens 10 Jahre. Blend. Bourbon-Fässer dienten der Reifung. Nach dem Blenden ein weiteres Jahr in Weißeiche. Fast kein Süßrum.

Notizen: Scharf, würziges Toffee, warm, zimtige Eindrücke und etwas Trockenfrucht, Rauch und Tabak. Insgesamt sehr kräftig und ganz sicher nichts für schwache Nerven. Dazu trägt auch sicher sein Abfüllvolumen von 45% Vol. bei und sein Finish in frischen? Fässern. Der Rum endet eher trocken, als süß, in der Mitte lassen sich aber kurzzeitig liebliche Noten wahrnehmen. Nuss. Er braucht lange, um sich im Glas zu entfalten und ist kein Alltagsrum. Außerdem ist sein Preis nicht unerheblich hoch, im Verhältnis zu vergleichbarer Qualität in Sachen Rum. Für viele Genießer kein guter Rum, da er ihnen viel zu wenig süß ist und viel zu kräftig erscheint. Erst mit mehr Erfahrung im „Verkosten“ gelingt es, die Vielfalt dieses Rums zu erkennen.

Rum&Co bewertet:
Süße ★
Milde ★ ½
Würze ★ ★ ★ ★
Frucht ★ ★ ½

Fazit: Intensives Kraftpaket, nicht für schwache Nerven.

Havana Club Rum Gran Reserva 15 Jahre

GOLD 4.5

Art: Melasse. 40%Vol.

Reife: 15 Jahre. Blend. Luxus Rum, dessen Körper in Weißeiche (Ex-Bourbon-Fässern) reifte. Nahezu kein Süßrum.

Notizen: Schöne Noten von Banane und Birne, unterstrichen von Vanille und rauchigem Holzkohlebad. Pflaume und Honig, getrocknete Feige und teilweise Apfel. Er wirkt sehr komplex und mit jedem Schluck lassen sich andere Noten herausfinden. Nicht von sehr schwerem Körper, aber irgendwie „sauber“ wirkend. Langer Nachklang mit Pfeffer und Frucht. Wer Kuba-Rum mag, wird diesen hier lieben.

Rum&Co bewertet:
Süße ★
Milde ★ ★ ★ ½
Würze ★ ★ ★ ★
Frucht ★ ★

Fazit: Sprachloses Meisterwerk aus Kuba.

Valenciana Legendario

Das Legendario Elixir de Cuba ist für viele Einsteiger in den Bereich Rum ein Genuss. Schmeckt nach Rum, ist süß und ist kein Rum, sondern ein Rum-Likör. Die Destillerie Valenciana Legendario ist seit Jahrzehnten bekannt für seinen hervorragenden Rum und auch für Liköre und blickt auch auf eine lange Geschichte zurück. Angefangen hat alles mit Francisco Gerardo Smith, einer Likörbrennerei und zwölf Mitarbeitern, die sich um die Qualität der Liköre kümmerten.

Bei der Likörbrennerei blieb es allerdings nicht allzu lange. 1934 kaufte Smith ein großes Haus, umgeben von einer Mauer, indem er seine Brennerei weiter ausbaute. Dort wurde quasi über Nacht eine weitere von über 100 Rumfabriken geboren. Zu jener Zeit befanden sich die Spirituosen auf der Insel Kuba in einem Aufschwung. Mit dem Brennereimeister Luis Angel Alvarez, der über mehr als ein halbes Jahrhundert Erfahrung in der Rum-Produktion hatte, wurde der Ron Legendario geboren.

Schon im Jahr 1946 war der Legendario bekannt und ganz Kuba kannte den Namen und natürlich auch den erstklassigen Rum. Beim Legendario handelt es sich um einen außergewöhnlich reinen Rum. Sein Geheimnis liegt vor allem in dem Herstellungsverfahren. Es wird dabei ein spezielles Filtersystem angewendet, das einen doppelten Tankboden besitzt und mit Aktivkohle sowie Kieselerde ausgestattet ist.

Führung bei Legendario Kuba

Legendario Elixir de Cuba

GOLD
4.0

Art:
Melasse. 34%Vol.

Reife: bis zu 7 Jahre. Blend.
Reifte in ehemaligen Bourbon-Fässern. Wird danach mit süßem Traubensaft verfeinert, aromatisiert und gesüßt. Kein echter Rum, sondern ein Elixir.

Notizen:
Fruchtnoten (Traube) und etwas Schokolade treffen Vanille, leichten Rauch und irgendwie Honigtöne. Geringe Würzigkeit. Hohe Lieblichkeit, recht kräftig fruchtig. Feiner Mixbestandteil oder als Aperitif/Digestif einsetzbar. Wer viel Süß mag, der ist hier richtig. Mit oder ohne Eis und Kühlung genießbar. Passt auch in die Cola. Wer der Süße entgegenwirken möchte, der probiert es mit Limette oder Zitronenscheiben. Experimentell? Ersetze generischen Cachaca durch Legendario Elixir im Caipirinha.

Rum&Co bewertet:
Süße ★★★★★
Milde ★★★
Würze ★★
Frucht ★★★★

Fazit:
Süßer Dessert.

Legendario Gran Reserva 15 Jahre

PLATIN 5.0

Art: Melasse. 40%Vol.

Reife: 15 Jahre. Blend.
Bourbon-Fass. Kein Süßrum.

Notizen: Vanille, Eiche und dunkles Toffee. Dazu getrocknete Früchte und Zuckerrohrfrische. Etwas Orange und Kirsche. Gewaltig tiefer Rum mit viel Volumen und Geschmackstiefe. Nicht süß, sondern trocken. Die feine, hölzerne Würze wird von „Holzkohlerauch" sanft untermalt. Komplex und doch nicht überladen. Ein sehr gefälliger Luxusrum, der nicht für Einsteiger zu empfehlen ist. Dieser Rum benötigt einiges an Erfahrung mit guten Spirituosen, um eine Wertschätzung zu erfahren!

Rum&Co bewertet:

Süße ★★
Milde ★★★★
Würze ★★★
Frucht ★★★

Fazit:
Der Luxus-Rum von Legendario.

Legendario Anejo Rum

SILBER 3.5

Art: Melasse. 40 % Vol.

Reife: bis zu 6 Jahre.
Wird aus 1jährigem, 4jährigem und 6jährigem Rum geblendet und dann reift dieser gemeinsam 15 Monate. Am Ende wird der Rum mit Muskateller (Weißwein) versetzt, um ihm seinen individuellen Geschmack zu verleihen. Süßrum. Aromatisiert.

Notizen: Erinnert an geflavourten Rum. Noten von Traube, Karamell, dunkler Beere und Vanille. Wenig Tiefe. Honigeindrücke. Schon recht lieblich und mit ausgeprägtem Fruchtcharakter. Ganz wenig Rauch im Hintergrund. Anders als erwartet. Irgendwie doch schön süffig und rund. Wer einen Rum mit Tiefgang erwartet, der ist hier nicht richtig. Einfach, liebliche Akzente und Muskatnuss, sowie am Ende Schokoladeneindrücke. Vielleicht aber auch ein bisschen zu ruppig im Nachklang.

Rum&Co bewertet:

Süße ★★★★
Milde ★★★★
Würze ★★★
Frucht ★★★★

Fazit:
Ein wirklich netter, „aromatisierter" Rum.

Santiago de Cuba

Im Jahre 1878 gründete Don Jose Arechabala die Marke Havana Club. Der Spanier siedelte nach Kuba und erwarb dort eine kleine Destillerie. In der Zeit der amerikanischen Prohibition entwickelte sich der Rum zu Amerikas Liebling. 1960 schließlich wurde das Familienunternehmen während der kubanischen Revolution verstaatlicht. Aufgrund der „komplizierten" Namensrechte um „Havana Club" wird der Rum in Europa unter Ron Santiago de Cuba vertrieben und stellt ein ursprüngliches, sehr kubanisches Produkt dar, in denen alle Elemente eines guten Kuba-Rums zu finden sind.

Santiago de Cuba ist keine Destillerie. Zu diesem Rum existieren vier Produktionsstätten, von denen kaum bis keine Informationen für uns zu bekommen sind. Das ist sehr schade. Geschmacklich gehört Santiago de Cuba Rum zu den richtig guten Rum-Sorten. Für die, die es trocken mögen!

Santiago de Cuba Extra Anejo 12 Jahre Rum

PLATIN
5.0

Art:
Melasse. 40%Vol.

Reife: 12 Jahre. Blended Rum.
Reift in ehemaligen Bourbon-Fässern aus amerikanischer Weißeiche. Kein Süßrum.

Notizen:
Wenig Vanille, etwas Orangenschale, Spuren von Kirsche und Süßfrucht. Kokosnuss und feine Elemente von Holzkohle. Hölzerne Würze ebenfalls nur am Rande, nicht aufdringlich, praktisch sehr gering vorhanden. Wenig Schärfe. Die Aromen sind „lustvoll" miteinander verwoben und machen Lust auf mehr. Leichter Kubaner mit Trockenfruchtelementen und typischer Rauchnote. Kuba macht immer noch guten Rum! Anfängern kann die unter Europäern beliebte Süße fehlen. Für fortgeschrittene Rum-Genießer ein absoluter Traum!

Rum&Co bewertet:

Süße	★
Milde	★ ★ ★ ½
Würze	★ ★ ★
Frucht	★ ★ ★

Fazit:
Einer der besten seiner Art, ganz sicher!

Santiago de Cuba Extra Anejo 20 Jahre Rum

PLATIN 5.0

Art: Melasse. 40%Vol.

Reife: 20 Jahre. Blend.
Reifung in Weißeiche, Ex-Bourbon-Fässer.
Kein Süßrum.

Notizen: Gigantischer erster Eindruck des Aromas. Leicht und voll zugleich. Fruchtkorb. Karamell. Sehr weich im Mund, mit kräftig ausgebildeter Eichennote, dazu das kubanische Rauchelement. Toffee und Vanille werden von etwas Tabak unterstrichen. Trocken. Die würzigen Noten sind in diesem Tropfen wesentlich kräftiger ausgeprägt, als noch im 12jährigen, jüngeren Bruder. Zitrusfrüchte. Cremigkeit. Leicht. Tiefgang. Eindrücke von schwacher Süße, durch die Fruchtelemente. Das Raucharoma aus Kuba fügt sich hervorragend in diesen Rum. Der Nachklang ist wirklich sehr lang und im Glas duftet der Rum auch noch viele Stunden später. Intensiv. Fesselnd. Faszinierend. Über den Preis muss sich jeder selbst bewusst sein. Für die Rum-Einsteiger vermutlich absolut gar nicht geeignet.

Rum&Co bewertet:
Süße ★½
Milde ★★★★
Würze ★★★★½
Frucht ★★★½

Fazit:
Wer es sich leisten kann, der sollte einmal probieren!

Santiago de Cuba Extra Anejo 25 Jahre Rum

PLATIN 5.0

Art: Melasse. 40%Vol.

Reife: 25 Jahre. Blend.
Reifung in Weißeiche, Ex-Bourbon-Fässer.
Kein Süßrum.

Notizen: Fruchtnoten (Zitrus, Papaya) verbinden sich mit dunklem, bitteren Toffee und Tabak. Spuren von dezentem Rauch harmonieren mit der sehr ausgeprägten, wenn auch nicht süßlichen, Karamellnote. Die Würze aus dem Holz ist tief und fein in den Tropfen eingedrungen und bietet ein exzellentes Aroma im Mittelteil und im äußerst langen Nachklang. Auch hier gilt: Die fehlende Süße lässt ihn ruppiger klingen, als er ist. Einsteiger tun sich sicherlich schwer mit einem solchen Rum. Leichter Körper, ganz viel Tiefgang, keine Süße und sehr intensive Eindrücke verteilend.

Rum&Co bewertet:
Süße ★★
Milde ★★★★½
Würze ★★★½
Frucht ★★★½

Fazit:
Preislich eine Hürde, geschmacklich nicht.

Nicaragua

Nicaragua ist ein Staat in Zentralamerika, der im Norden an Honduras, im Süden an Costa Rica sowie im Westen und Osten an den Pazifik und die Karibik grenzt. Das Land gehört zu den ärmsten Ländern der Welt!
Die Armut hat viele Gründe, unter anderem die zahlreichen Naturkatastrophen, mit denen die Nicas immer wieder zu kämpfen haben. Vulkanausbrüche und Stürme richten immer wieder große Schäden an und vernichten das Hab und Gut der Menschen.

Christoph Kolumbus landete 1502 erstmals in Nicaragua und schon 1520 wurde das Land von Spanien als Kolonie besiedelt. Im Gegensatz zu der Karibik, wo schon zum Ende des 15. Jahrhunderts erste Zuckerrohrplantagen errichtet wurden, erreichten die ersten Pflanzen Nicaragua erst 1880. Schon kurze Zeit später war die Pflanze und die daraus produzierten Waren ein wichtiger Bestandteil der Wirtschaft. Noch heute zählen der Rum und natürlich auch der Zucker neben Bananen, Gold, Baumwolle, Tabak und Zigarren zu den wichtigsten Exportgütern des Landes.

Compania Licorera de Nicaragua

Die Geschichte der Compania Licorera de Nicaragua begann vor über 100 Jahren mit der Gründung in Chichigalpa, 120 Kilometer von Managua, der Hauptstadt Nicaraguas, entfernt. Zu dieser Zeit wurde bei der San Antonio Sugar Mill die erste Destillerie von Francisco Alfredo Pellas eröffnet. Und die befindet sich noch immer in Familienbesitz, inzwischen in fünfter Generation.

Rum wurde in dieser Destillerie kommerziell ab 1937 gebrannt, doch der Eigentümer wollte sich nicht mit einem einfachen Rum zufrieden geben. Im Jahr 1950 stellte man den ersten Rum vor, der als „slow aged" bezeichnet wurde. Das bedeutet, die Aromen gehen in einem sehr langsamen Prozess in den Rum über. Schottische Whiskys reifen ebenfalls Slow Age. Flor de Cana Rum-Sorten werden teilweise sehr lange gereift, um das Endprodukt herzustellen.
Der Flor de Cana ist generell von leichtem Körper mit satten Aromen. Rum-Genießer mögen ihn, und die Produktpalette hat bereits zahlreiche Auszeichnungen genossen.

Neben der Marke Flor de Cana stellt die Licorera de Nicaragua auch Zapatera und Mombacho Rum her. Sozialkritisch hingegen steht die Firma auf keinem guten Bein. Es wird ihr vorgeworfen die Arbeiter schlecht zu behandeln und vielen Giften auszusetzen.

Flor de Cana Centenario 18 Jahre

GOLD
4.0

Art:
Melasse. 40% Vol.

Reife: 18 Jahre. Blend.
Weißeiche. Ex-Bourbon-Fässer. Kein Süßrum.

Notizen:
Trocken. Frucht. Dunkles Karamell. Intensive Würze von Holz. Zitruselemente. Bittere Noten, Erinnerung an stumpfes, frisches Leder. Am Ende kippt der Geschmack sogar noch kräftiger in Richtung Holzwürze. Sämtliche Phasen durchziehen sich mit Tönen von Nuss. Der Abgang ist schön lang und nicht besonders weich. Wer Milde sucht, sucht hier nicht wirklich gut. Volumenreich und intensiv, aber nicht mild. Was sicher an der fehlenden Süße liegt. Eher nicht für Einsteiger geeignet. In Verbindung mit Cola als sehr lecker empfunden, da hier die Limonade die „fehlende" Süße bringt. Nein, wir empfehlen ihn nicht mit Cola, sondern nur pur!

Rum&Co bewertet:
Süße ★★
Milde ★★★
Würze ★★★½
Frucht ★★

Fazit:
Unbedingte Kaufempfehlung für erfahrene Genießer.

Flor de Cana Centenario 12 Jahre

SILBER 3.5

Art: Melasse. 40%Vol.
Reife: 12 Jahre. Blend.
Auch hier Lagerung in ehemaligen Bourbon-Fässern aus Weißeiche. Kein Süßrum.

Notizen: Startet recht komplex, bietet Vanille und Nussnoten, Karamellschokolade mit bitteren Klängen und vielleicht auch etwas Tabak. Recht bissig. Volumenreich. Orangennoten? Von recht leichtem Körper mit eher kurzem Abgang. Die Süße hält sich in Grenzen, eher wenig, nur im vollen Mund am Rande zu spüren. Milde kann man hier nicht in hohem Maße treffen, dieser Mangel wird durch Volumen wettgemacht. Keine Revolution, eher stille Evolution. Tipp: Die Einheimischen trinken ihn gerne besonders warm.

Rum&Co bewertet:
Süße ★ ½
Milde ★ ★
Würze ★ ★ ★ ½
Frucht ★ ★ ½

Fazit:
Preiswerter Mischrum mit Pur-Qualität. Ohne Süße.

Flor de Cana Centenario 25 Jahre

PLATIN 5.0

Art: Melasse. 40%Vol.
Reife: 25 Jahre. Blend.
Weißeiche. Ex-Bourbon-Fässer.
Kein Süßrum.

Notizen: Karamell und Schokolade, mit Noten von Rosine. Aprikosenklänge und Tabaknoten, vermengt mit Leder. Vanille und Nuss. Pfeffer, Eiche. Voll, komplex und tief. Von eher leichter Struktur mit wundervollen Noten. Sehr viel milder, als seine jüngeren Brüder, aber immer noch kein Rum, der vor Milde strotzt (durch fehlende Süße so empfunden). Am Ende trocken mit sehr langem Nachklang. Ultra Premium mit starkem Charakter.

Rum&Co bewertet:
Süße ★ ★
Milde ★ ★ ★ ★ ½
Würze ★ ★ ★ ★
Frucht ★ ★ ½

Fazit:
Großartiger Rum. Aber ein wenig zu teuer.

Panama

Panama ist wohl den meisten vor allem als Steuerparadies bekannt. Jedoch hat das Land in Mittelamerika, das an Costa Rica und Kolumbien grenzt, noch viel mehr zu bieten. Da gibt es beispielsweise den Panama Kanal, der das Land durchquert und die Karibische See im Norden mit dem Pazifischen Ozean im Süden verbindet. Und es gibt natürlich auch den Rum, der uns ganz besonders interessiert.

Die Geschichte des Zuckerrohrs und somit auch des Rums in Panama ist vergleichsweise jung. Im Jahr 1908 baute der spanische Einwanderer Don José Varela Blanco eine Zucker-Mühle in der Stadt Pesé. Heute gehört das Zuckerrohr neben Bananen, Reis, Ananas, Kaffee und Mais zu den Pflanzen, die auf etwa neun Prozent der Bodenfläche des Landes angebaut werden. Diese Produkte zählen übrigens gemeinsam mit Erdölerzeugnissen zu den wichtigsten Exportwaren des Landes.

Wie alle Industrien in Panama, fristen auch die Zuckerrohr- und die Spirituosen-Industrie nur ein Schattendasein. Alles wird überstrahlt vom Panama-Kanal, der die Haupteinnahmequelle des Landes darstellt und auch die meisten Arbeitsplätze sichert.

Origenes

Origenes steht für die Vision eines Mannes: Francisco „Don Pancho" Fernandez Perez. Don Pancho begann seine Karriere in den frühen 1960er Jahren, als er mit seinem Vater, einem Wein- und Spirituosenhändler, zusammen arbeitete. Nachdem er einen Abschluss in Mikrobiologie gemacht hatte, entschied sich Don Pancho dafür seiner Leidenschaft zu folgen und großartige Rums zu kreieren. Der „Meister der Meister" Don Ramon Fernandez Corrales, lehrte ihn die „Carta Blanca"-Methode, der Grundstein zur Herstellung gereifter Rums.

In den 1970er Jahren half Don Pancho als Direktor der Kubanischen Getränkeindustrie beim Erneuerungsprozess der Rum-Industrie in Kuba. Er stellte moderne Technologien vor, renovierte die Lagerstätten und modernisierte die Feldarbeit und die Destillerien. Er half außerdem dabei, den Gärungsprozess, die Produktions- und Blending-Techniken zu verbessern und setzte dabei einen weltweiten Standard für Kult-Produkte, die inzwischen überall auf der Welt erhältlich sind.
Seine Arbeit ermöglichte es Don Pancho, durch die Welt zu reisen und mit verschiedenen Spirituosen-Industrien wie der Whisky-Herstellung in Schottland und der Vodka-Produktion in Polen, in Kontakt zu treten und von ihnen zu lernen. Dieser multikulturelle Austausch erweiterte seinen Erfahrungsschatz und seine Fertigkeiten und machte Don Pancho zu dem Master Blender, der er heute ist.

Mitte der 90er Jahre entdeckte Don Pancho eine vernachlässigte Destillerie in der Region Herrera in Panama, die aus dem frühen 20. Jahrhundert stammte. Durch Don Panchos Vision und viel harte Arbeit gelang der Wiederaufbau der Las Cabras Destillerie und nicht nur das, nein, sie wurde vielmehr zu einer der besten Rum-Destillerien auf der Welt.
Heute, nach einer 50-jährigen Karriere und unzähligen erhaltenen Auszeichnungen, in einem Alter, in dem die meisten ihren Lebensabend genießen, erbringt Don Pancho seine Bestleistung. Er ist nun bereit einen Rum zu kreieren, bei dem keine Kompromisse eingegangen werden. Einen Rum, den er wirklich als seinen eigenen bezeichnen kann. Dieser Rum ist Origenes, das „Original". Ein Rum, der es Wert ist, ein Leben lang auf ihn zu warten.

Wer leichte Süßrums bevorzugt, der sollte unbedingt Don Panchos Kreationen probieren. Bisher sind sie uneingeschränkt zu empfehlen!

Origenes 18 Jahre
Panama Rum

Art:
Melasse. 40%Vol.

Reife: mindestens 18 Jahre. Blend.
Reifung erfolgt in Bourbon-Fässern. Süßrum.

Notizen:
In der Nase kitzeln Karamellnoten und etwas Gebäck mit Ingwerspuren. Dazu Fruchtaroma von Dattel und Feige. Ein wenig Holznoten und Teeblatt. Am Gaumen breitet sich der exzellente Rum sehr sanft und cremig aus. Sein Volumen schnellt über die Zunge, über die Geschmacksnospen und vermittelt Feigenfrucht und Karamell. Vanille und Spuren von Holz. Kardomom. Riesige Fülle, die Aromen tanzen im Mund. Langer Nachklang von Süße, Frucht und recht feiner Würze (Holz).

Rum&Co bewertet:

Süße	★★★½
Milde	★★★★
Würze	★★★½
Frucht	★★★½

Fazit:
Grandioser Rum, leicht und schwer zugleich, göttliche Balance.

Origenes 30 Jahre
Panama Rum

PLATIN
5.0

Art:
Melasse. 40%Vol.

Reife: mindestens 30 Jahre. Blend.
Reift in Weißeiche ehemaliger Bourbon-Fässer.
Streng limitiert. Süßrum.

Notizen:
Karamell und Vanille werden von Eiche und Tabak unterstrichen, gleiten in Schokoladentönen und etwas Orangenschale, sowie Muskat. Auf der Zunge offenbart sich ein Meisterwerk. Der Ausdruck, der alles zusammenfasst, ist Creme. Schokolade, mit nicht allzu kräftigen Bitternoten, wiegt sich auf den Geschmacksknospen, im Takt mit Vanille und Karamell. Leichte Fruchtnoten von Orange werden von Leder und Tabak hofiert. Irgendwie trocken, irgendwie süß. Immer wieder erscheinen Spitzen von pfeffriger Würze, die aber nicht dominieren, sondern tragen und einschmeichelnd sind. Sehr viel Volumen, perfekte Balance aller Aromen und Eindrücke. Ultralanger Abgang mit sehr feinen Aromen, süß, Trockenfrucht und Ingwerschärfe. Verdammt mild. Es klingt paradox, ich mag den 18er lieber!

Rum&Co bewertet:

Süße	★★★½
Milde	★★★★★
Würze	★★★★
Frucht	★★★

Fazit:
Magie in der Flasche.

Varela Hermanos

Die Varela Hermanos Destillerie, die Mitte der 1930er Jahre gegründet wurde, ist der Hersteller des beliebten Ron Abuelo. Don José Varela Blanco baute die Destillerie auf Wunsch seiner ältesten Söhne auf, nachdem er als spanischer Immigrant schon im Jahr 1908 die San Isidro Zuckermühle in der Kleinstadt Pesé im Zentrum Panamas aufbaute.

Heute besitzt das Familienunternehmen, das mittlerweile in der dritten Generation betrieben wird, 1200 Hektar Land, auf dem Zuckerrohr angebaut wird. Die Destillerie verfolgt eine umweltfreundliche Philosophie und verzichtet daher als einzige Destillerie in Panama darauf, die Zuckerrohrfelder vor der Ernte abzubrennen. Auch werden die Felder manuell mit Macheten geerntet und das frische Zuckerrohr wird teilweise noch per Ochsenkarren in die Destillerie gebracht.

In der Destillerie wird das Zuckerrohr dann innerhalb von 24 Stunden weiterverarbeitet. Dort wird das Zuckerrohr 36 bis 48 Stunden lang fermentiert, bevor die Destillation in zwei- und auch Vierfach-Säulenbrennanlagen vorgenommen wird. In Panama ist eine Reifung von mindestens 48 Monaten gesetzlich vorgeschrieben und bei Varela Hermanos hält man sich nicht nur daran, sondern misst der Reifung noch mehr Bedeutung zu. So werden ausschließlich 200-Liter-Fässer verwendet, in denen vorher schon Bourbon reifte.
Varela Hermanos ist der größte Spirituosen-Hersteller in Panama und zählt auch zu den wichtigsten Rum-Produzenten in Mittelamerika. Der Ron Abuelo, der dort hergestellt wird, ist außerdem der Marktführer in mehreren lateinamerikanischen Ländern und auch über die Grenzen Mittelamerikas hinaus bekannt und sehr beliebt.

Abuelo 12 Jahre Rum

GOLD
4.5

Art:
Melasse. 40%Vol.

Reife: 12 Jahre. Blend.
Reifung ausschließlich in Bourbon-Fässern. Don „Pancho" (Origenes Rum) hat diesen Rum mit kreiert. Süßrum.

Notizen:
Kraftvoll und aromatisch. Karamell, Tabak und Orangenschale. Ganz volles Gefühl. Lebkuchenelemente. Würze. Nicht zu kräftig, nicht zu schwach, genau richtig. Leicht trockene Noten, dann wieder Süße. Marzipan, Mandel. Leder. Aprikose und Kirsche. Schokolade, Toffee. Ganz tolles Volumen, reichhaltig. Anschmiegsam, cremig. Vanille. Wieder Eiche. Ganz toller Rum. Auch für Einsteiger eine Empfehlung. Ein Rum mit einer ganz eigenen Note!

Rum&Co bewertet:
Süße ★★★
Milde ★★★★
Würze ★★★★
Frucht ★★★½

Fazit:
Wer Abuelo 12 nicht kennt, der hat die Welt verpennt!

Abuelo 7 Jahre Rum

SILBER
3.5

Art:
Melasse. 40%Vol.

Reife: 7 Jahre. Blend.
Lagert in Eichenfässern. Ehemalige Bourbon-Fässer. Süßrum.

Notizen:
Trockener Anfang, irgendwie blumige Fruchtwiese. Dann kommt Karamell und Vanille. Am Gaumen dann ein süßer Start mit warmen Tönen von Toffee und Karamell. Im Mittelteil wieder Frucht und Vanille. Erdigkeit und Leder malen im Hintergrund ihre Spuren und stehlen einen Teil der Lieblichkeit. Reichhaltig und voll, ein sehr guter Rum für 7 Jahre Reife. Intensive und hölzerne Würze ist imposant und für den einen oder anderen auch gefühlt „sprittig" und zu streng. Er gehört nicht zu den weichen, milden Plätscherrums, sondern schon zu den kräftigen Charakteren mit leichtem Körper und vielen Aromen, auch die von Pfeffer und Holz. Reichhaltig intensiv.

Rum&Co bewertet:
Süße ★★½
Milde ★★
Würze ★★★½
Frucht ★★★

Fazit:
Wahnsinnig guter Mischrum mit puren Qualitäten.
Absoluter Kauftipp.

Caribbean Spirits Inc.

Die Caribbean Spirits Inc. (nicht zu verwechseln mit dem Importeuer Carribean Spirits aus den USA) aus Panama ist der Hersteller des Malecon Rums, der in mehreren Varianten angeboten wird. Über die Geschichte der Destillerie ist nicht viel in Erfahrung zu bringen, das Unternehmen hält sich eher bedeckt. Über die Herstellung des Rums ist deshalb wenig bekannt.

Obwohl in Panama hergestellt, so wird Malecon Rum nach traditioneller kubanischer Methode produziert, d.h. vermutlich Säulendestillation bzw Column Still. Nach der Destillation wird der Malecon in Eichenholzfässer gefüllt und wird dann in Höhlen gelagert, die mit ihrem Mikroklima einen besonders positiven Einfluss auf den Rum haben. Je nach Sorte lagert der Rum bis zu 25 Jahre, was eine große Erfahrung voraussetzt. Da aufgrund des Klimas ein hoher Anteil des Rums verdunstet, braucht man für die Reifung ein besonderes Gespür.

Auch wenn der Malecon Rum bei einigen Kennern nicht unbedingt bekannt ist, so hat er doch dem Genießer so einiges zu bieten und sollte unbedingt gekostet werden. Malecon Rum ist nicht besonders süß, bietet viel Aroma, viel Geschmack und kostet dafür verhältnismäßig wenig. Eine besonders gute Preis-/Leistungsausbeute ist gewährleistet!

Malecon Rum Reserva Imperial 21 Jahre

PLATIN
5.0

Art:
Melasse. 40%Vol.

Reife: 21 Jahre. Blend.
Weißeiche, Bourbon-Fass. Süßrum.

Notizen:
In der Nase kitzeln Holz und Vanille. Süßer Start mit leichten Holznoten, die schwächer werden. Vanillearomen und Karamellnoten zeigen sich recht deutlich auf der Zunge, mit leicht bitteren Akzenten. Etwas Frucht und Schokolade schimmern durch. Im Abgang wiegt der Rum lang und schwer, mit intensiven Tönen und Spuren von Orangenschale. Nicht unbedingt etwas für Freunde großer Milde, dazu fehlt ihm eine prägnante Süße, die Milde „vortäuscht".

Rum&Co bewertet:

Süße	★★½
Milde	★★★
Würze	★★★★
Frucht	★★★½

Fazit:
Der subjektiv beste Malecon!

Malecon Rum Reserva Imperial 25 Jahre

GOLD 4.5

Art: Melasse. 40%Vol.

Reife: 25 Jahre. 40 % Vol. Blend.
Reifung erfolgt in Eichenfässern.
Weißeiche. Ex-Bourbon. Süßrum.

Notizen: Erinnert an trockene Früchte, Orange und an vanilline Töne, vermischt mit leichtem Holz. Im Geschmack ist er anders, als seine jüngeren Brüder. Deutliche Noten von Holzkohle, Kaffee und dunkler Schokolade, bitterem Karamell und Nuss. Feine Holzwürze mit pfeffrigen Spuren. Sehr ruhig, sehr harmonisch. Im Nachklang der wohl „süßeste" Malecon. Kaufempfehlung, alleine des Alters und Preises wegen!

Rum&Co bewertet:
Süße ★★½
Milde ★★★½
Würze ★★★
Frucht ★★★½

Fazit:
Sehr tiefgründig, aber auch ein bisschen „lahm".

Malecon Rum Reserva Imperial 18 Jahre

GOLD 4.0

Art: Melasse. 40%Vol.

Reife: 18 Jahre. Blend.
Weißeiche, Bourbon-Fass. Süßrum.

Notizen: Noten von trockener Frucht und etwas Karamell. Im Geschmack ist er recht aggressiv und stürmisch. Etwas Eiche, etwas Rauch, etwas Schokolade und etwas Vanille. Geröstetes Karamell. Er wirkt vollmundig und angenehm tief, immer mit einer Spur Biss dahinter. Nur im Ersteindruck lieblich, dann kräftig. Leichte Bitternoten mit Spuren von Holz. Im Abgang mittellang. Intensives Vergnügen mit Biss. Herbsüß.

Rum&Co bewertet:
Süße ★★½
Milde ★★★
Würze ★★★
Frucht ★★★

Fazit:
Sehr guter Rum für relativ wenig Geld.

Zafra Rum

Der Zafra Rum wird in Panama von niemand geringerem als Don Pancho hergestellt. Don Pancho, der eigentlich Francisco Fernandez heißt, ist ein bekannter Master Blender, der schon bei namhaften Destillerien wie Havana Club und Ron Abuelo Station gemacht hat.

Der gelernte Bio-Chemiker Don Pancho, der sich nicht nur mit Rum hervorragend auskennt, hat sich auch in den Bereichen polnischer Vodka, schottischer Whisky sowie europäischer Wein weitergebildet und bringt somit bei der Herstellung von Spirituosen ein enormes Wissen mit sich.

Seine Erfahrung im Bereich Rum reicht über fünf Jahrzehnte. Alles zusammen macht ihn das zu einem der vermutlich besten Blender unserer Zeit.

Der Zafra Rum hat seinen Namen von dem alten, spanischen Ausdruck Zafra, mit dem die Ernte des Zuckerrohrs bezeichnet wurde. Ursprünglich war der Rum, der heute in Florida abgefüllt wird, nur in Südamerika erhältlich. Weltweit bekannt machte die Marke die amerikanische Firma Dana Wine & Spirits, die schon für den Vertrieb von Zacapa zuständig war, bevor die Marke von Diageo übernommen wurde.

Zafra Master Reserve
21 Jahre

PLATIN
5.0

Art:
Melasse. 40%Vol.

Reife: 21 Jahre. Blend.
Weißeiche, Bourbon-Fass. Süßrum.

Notizen:
Aromen von etwas hellerer Schokolade und Karamell, sowie Vanille machen sich breit. Zimt und süßer Tabak, leichter Rauch. Eiche. Kirsche. Am Gaumen zeigt sich Cremigkeit. Schokolade, ein wenig Rosine und dunkle Kirsche, Zimt, brauner Zucker und Holz. Sanfte Pfeffernoten fließen mit ein sowie Lederelemente mit Holzkohle. Der Zafra bietet im Start und im Mittelteil eine recht hohe Süße, beim Verweilen im Mund. Im Abgang lässt diese nach und weicht trockeneren Fruchteindrücken und Muskat und Ingwerschärfe in dezenten Spitzen. Im Zafra finden sich die Fruchtnoten (Birne, Beere) sehr unaufdringlich, aber bemerkbar. Jedes Mal, wenn dieser Tropfen probiert wird, finden sich neue Eindrücke.

Rum&Co bewertet:
Süße ★★★½
Milde ★★★★★
Würze ★★★½
Frucht ★★★½

Fazit:
Vielfalt und Klasse.

Peru

Peru ist ein Staat im westlichen Südamerika. In früheren Zeiten erstreckte es sich vom heutigen Panama bis zum äußersten Süden des Kontinents. Das war, nachdem die Spanier Peru ab 1532 eroberten und aus dem Land ein Vizekönigreich für die spanische Krone machten. In der Folgezeit kam es immer wieder zu Befreiungsversuchen, doch erst spät konnte sich Peru wirklich von allem freisagen und schließlich auch eine Demokratie aufbauen.

Das Land ist reich an Bodenschätzen wie Gold, Silber und Kupfer und gehört zu den größten Produzenten dieser Rohstoffe weltweit. Somit sind die Erzeugnisse daraus ein großer wirtschaftlicher Faktor in diesem Land. Die Fischerei und die Fischereiprodukte spielen als Exportgüter eine wichtige Rolle. Im agrarwirtschaftlichen Bereich wird zwischen traditionellen Produkten wie Kaffee und vor nicht allzu langer Zeit eingeführten Produkten wie Spargel und Weintrauben unterschieden.

Peru ist nicht gerade ein typisches Rum-Land, auch wenn man das aufgrund seiner geografischen Lage vermuten könnte. Tatsächlich werden in dem Land nur wenige Rum-Sorten produziert. Diese müssen sich jedoch nicht vor der Konkurrenz aus anderen Ländern verstecken, im Gegenteil. Ihre Vollmundigkeit zeichnet sie aus und macht sie zu etwas Besonderem. Auch die Peruaner selbst trinken nur wenig Rum. Weitaus beliebter als alkoholisches Getränk ist dort das Bier.

Ron Millonario

Aus dem Norden Perus, dem Land der Inka, stammt der Ron Millonario. Dort, wo das Zuckerrohr besonders gut gedeiht und die Ernte wirklich erster Güte ist, wird der Ron Millonario destilliert. Die hervorragende Qualität des Zuckerrohrs macht sich dabei natürlich auch im Geschmack des Rums bemerkbar.

Vom Aussäen des Zuckerrohrs bis hin zur Abfüllung des Rums in Flaschen wird dem gesamten Produktionsablauf ein hohes Maß an Aufmerksamkeit zu Teil. Der Rum wird langsam in drei Column Stills destilliert, die schon vor langer Zeit aus Schottland zur Produktion des Rums importiert wurden.
Bei der Fermentation wird eine ausgewählte, eigens hergestellte Hefe verwendet und auch die Reifung wird nicht in herkömmlichen Fässern vorgenommen. Vielmehr stellen die Böttchermeister der Destillerie extra für den Reifungsprozess Fässer aus amerikanischer und slawischer Eiche her, die ebenfalls für den Geschmack des Rums verantwortlich sind. Der letzte Schliff wird dem Ron Millonario mit dem Solera-Verfahren bei der Reifung gegeben. Wie wir wissen, sorgt das Solera System häufig für sehr milde Eindrücke!
Über die Marke und die Historie der Destillerie ist leider nur sehr wenig bekannt und auch die Website der Marke gibt nur wenige Informationen preis. Bekannt ist nur, dass der Rum von den italienischen Brüdern Fabio und Walter Rossi importiert wird. Viel mehr erfährt man allerdings nicht über die Destillerie selbst, wohl aber über den Importeur. So wird der Rum von einem Hauch Mystik umgeben. Das macht ihn noch einmal interessanter.

Irgendwie gehört Ron Millonario zum „Unabhängigen Abfüller“ (im nächsten Kapitel mehr) „Rum Nation“ aus Italien und ist quasi eine Sonderedition. Den Erfolg mit diesem Rum hat vermutlich niemand erwartet.

Ron Millonario Solera
15 Jahre Reserva Especial

PLATIN
5.0

Art:
Melasse. 40%Vol.

Reife: bis zu 15 Jahre. Solera System.
Weißeiche, Bourbon-Fass. Süßrum.

Notizen:
Im Geruch an leicht vergorene Frucht erinnernd, mag nicht jeder riechen. Im Geschmack eine Mischung aus kräftiger Süße und Chili-Catch. Pfeffrige Spuren gegen karamellige Lieblichkeit. Toastige Eiche, Tabak und Leder. Markante Würze, trotzdem sehr cremige Struktur und voller Geschmack, bei nicht allzu viel Volumen und Tiefe. Die Süße gefällt nicht jedem. Ein schwerer Rum mit kontrastreicher Struktur. Eher eine Achterbahn, als eine ruhige Autobahn. Süffig, hohe Süße, schöner Kontrast durch die Würze. Am Ende des Tages ein schöner Ausklang. Vielleicht etwas wenig Volumen, aber erträglich. Für Anfänger empfohlen.

Rum&Co bewertet:

Süße	★★★★
Milde	★★★½
Würze	★★★★
Frucht	★★½

Fazit:
Aromenstraße aus zwei prägnanten Teilen: Süße & Pfeffer.

Ron Millonario XO Reserva Especial

PLATIN 5.0

Art:
Melasse. 40%Vol.

Reife: bis ca. 20 Jahre. Solera System.
Bourbon-Fass. Süßrum.

Notizen:
Genialste Verschmelzung von Vanille & Karamell, Zimt & Muskat, Tabak & Leder und Rauchnoten. Sehr ausgeglichen, Noten von Fruchtkuchen am Rande. Ingwerartige Würze und Eiche bilden die Opposition zur sanften Süße. Schwer und tranig. Tief und gewaltige Struktur. Der erste Eindruck ist Gottesnektar. Der Mittelteil bestätigt das. Der Abgang gibt nicht nach. Vollendete Mischung aus Lieblichkeit, Würze und „männlichen“ Noten. Göttliche Komposition und Konsistenz. Der richtige Rum für eine große Belohnung.

Rum&Co bewertet:
Süße ★★★
Milde ★★★★
Würze ★★★★
Frucht ★★

Fazit:
Perus Luxus Rum.

Philippinen

Die Republik der Philippinen ist ein Staat aus über 7.000 Inseln. Anhand der Anzahl der Einwohner sind sie fast der 10tgrößte Staat der Welt. Kein Wunder also, dass bei diesem Klima und der Bevölkerungsmenge auch Rum hergestellt wird. Interessanterweise ist die Republik ein asiatischer Staat mit katholischer Bevölkerungsmehrheit!

Das Klima ist zu großen Teilen tropisch und in den höheren Lagen subtropisch. Ideale Bedingungen also für den Anbau von Zuckerrohr, denn Niederschläge fallen das ganze Jahr. Wärme und Feuchtigkeit, wie es die Pflanze am liebsten mag.
Tanduay ist auf den Philippinen ein sehr bekannter Rum. Kein Süßrum, aber unbedingt empfehlenswert! Trotz der fehlenden Süße wirkt selbst der einfachste, gereifte Tanduay-Rum recht mild! Ich durfte ihn bereits selbst verkosten.

Bleeding Heart Rum Co. (BHRC)

Tanduay Rhum im Nosing-Glas mit Schokolade

Tanduay Distillers, Inc. ist ein riesiges Unternehmen auf den Philippinen. Die von ihnen produzierte Menge an Rum liegt knapp hinter Bacardi! Genau aus diesem Grund will Stephen Caroll, Gründer von BHRC, nicht mit Tanduay konkurrieren. Und so siedelt sich der Don Papa von vornherein im Premium-Segment an, auf welches Tanduay generell eher weniger zielt.

Inzwischen hat der Don Papa 7 Jahre Rum die Welt im Griff. Innerhalb kurzer Zeit hat er sich als einer der europäischen Lieblinge herauskristallisiert. Nun warten die Rum-Genießer auf die Fortsetzung mit dem Don Papa 10 Jahre Rum, der in Deutschland bisher noch nicht erschienen ist.

Don Papa 7 Jahre Rum

GOLD
4.0

Art:
Melasse. 40%Vol.

Reife: 7 Jahre. Blend. Philippinen. Reifung ausschließlich in ehemaligen Bourbon-Fässern aus Weißeiche. Süßrum.

Notizen:
Ein digitaler Rum, man mag ihn oder auch nicht. Starke Vanillenoten. Kandierte Frucht in dominanter Art. Erinnerung an Aprikose, Orange und Papaya. Wirkt schon fast wie ein Fruchtlikör. Wenig pfeffrige Noten aus dem Holzfass. Honigelemente. Ein Stückchen „Hubba Bubba Kaugummi". Leichter Körper, wiegt sanft und geschmeidig. Gerade für Einsteiger eine der besten Möglichkeiten, außergewöhnlichen Rum kennenzulernen.
Für Fortgeschrittene eine starke Geschmacksfrage.

Rum&Co bewertet:

Süße	★★★
Milde	★★★½
Würze	★★★½
Frucht	★★★★★

Fazit:
Sehr ungewöhnlicher, polarisierender Geschmack!

Spanien

Dass Christoph Kolumbus im Namen der spanischen Krone auf Entdeckungsreise ging und auf seinen Reisen die Zuckerrohrpflanze in die verschiedensten Länder der Neuen Welt brachte, ist kein Geheimnis. So ist es wohl auch nicht weiter verwunderlich, dass die Spanier noch heute eine besondere Beziehung zum Rum haben.

Aber die Spanier wissen nicht nur die Qualität des Getränks zu schätzen. Sie stellen Rum sogar selbst her. So ist auf den Kanaren seit Ende des 19. Jahrhunderts eine Destillerie beherbergt und auch in Motril, einer Hafenstadt in der Provinz Granada, hat sich Francisco Montero Martín einen Traum erfüllt und eine Rum Destillerie gegründet.

Genau genommen ist also Spanien die Wiege des Rums, denn nur durch Christoph Kolumbus konnte die wichtigste Zutat in die Länder der Karibik gelangen. Das Zuckerrohr!

Dos Maderas Ron PX
5 + 5 Jahre

PLATIN
5.0

Art:
Melasse. 40%Vol.

Reife: 10 Jahre. Blend.
Guyana und Barbados liefern den Grundrum mit je 5jähriger Reife. In Spanien reift der Blend dann gemeinsam in Palo-Cortado-Sherry-Fässern für weitere 3 Jahre. Danach wird er noch einmal 2 Jahre in Sherry veredelt, dieses Mal in PX-Fässern. Süßrum.

Notizen:
Traubenfrucht und dunkle Schokolade vermengen sich zu einem Rumtraum. Dazu gesellen sich würzige Facetten aus dem Holz, mit Vanille gespickt. Cremig, mild, voll und einladend. Der Rum kann sich nicht entscheiden, ob er ein schwerer oder ein leichter sein will. Aber das muss er auch nicht. Tief und ergreifend. Harmonisch. Für den einen oder anderen wirkt der Rum etwas „muchelig". Wer da empfindlich ist, sollte vorher unbedingt probieren.

Rum&Co bewertet:

Süße	★★★★
Milde	★★★★
Würze	★★★
Frucht	★★★★

Fazit:
Sherry Traum von Rum.

Dos Maderas Ron Luxus (10+5) Rum

PLATIN
5.0

Art:
Melasse. 40 % Vol.

Reife: 15 Jahre - Reift 10 Jahre in Guyana und Barbados. Diese beiden Sorten gelangen dann nach Spanien, um dort den selben Prozess zu durchlaufen, wie der 5+5 PX. Süßrum.

Notizen:
Ganz viel Frucht und Vanille, sowie etwas Schokolade treffen auf handzahme Würze mit sehr langem Abgang und nussigen Elementen. Schon recht süß, aber immer wieder durch Bitternoten und Frucht aufgelockert. Rauchnoten im Hintergrund. Furchtbar mild, furchtbar fruchtig, furchtbar cremig. Furchtbar lecker!

Rum&Co bewertet:

Süße	★★★★
Milde	★★★★★
Würze	★★★
Frucht	★★★★★

Fazit:
Der Dos Maderas Luxus Rum mit opulenten Sherry-Aromen.

Trinidad & Tobago

Trinidad ist einc Karibische Insel, die gemeinsam mit der Insel Tobago den Inselstaat Trinidad und Tobago bildet. Die Inseln, die vor der Küste Venezuelas liegen, sind die südlichsten der Kleinen Antillen und wurden 1498 von Christoph Kolumbus erreicht.
Während andere Staaten in der Karibik recht schnell kolonialisiert wurden, ließen sich die ersten spanischen Siedler erst 1592 auf Trinidad nieder. In den folgenden Jahrhunderten übernahmen auch die Briten und die Niederländer teilweise die Herrschaft über die Kolonie. Im Jahr 1962 wurde Trinidad und Tobago schließlich unabhängig und somit zu einem Inselstaat.
Ursprünglich wurden in Trinidad vor allem Zuckerrohr und einige wenige andere Plantagenpflanzen für den Export angebaut. Die Bedeutung vom Zuckerrohr ließ jedoch mit der Zeit nach und auch wenn noch heute Zuckerrohr und Kakao neben anderen Produkten (da meist nur für den Eigenbedarf) angebaut werden, so ist ihre Bedeutung für die Wirtschaft verschwindend gering.

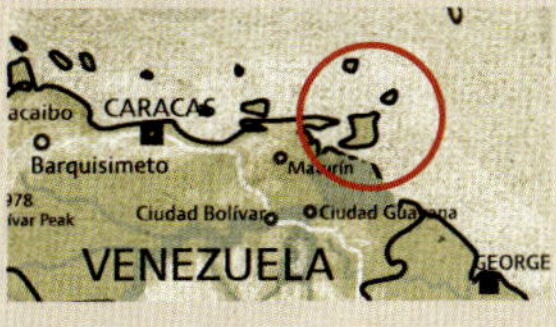

Angostura Destillerie

Die Angostura Destillerie ist noch nicht lange auf der Insel Trinidad angesiedelt, auch die Produktion von Rum ist ein noch recht junger Geschäftszweig des Unternehmens. Begonnen hat die Geschichte des Unternehmens im 19. Jahrhundert während der Befreiungskriege in Südamerika. Ein Deutscher Arzt, Dr. Johann Siegert, diente zu dieser Zeit dem Revolutionshelden Bolivar in der venezolanischen Stadt Angostura. Der Mediziner experimentierte zu jener Zeit mit exotischen Kräutern und erfand in den 30er Jahren des 19. Jahrhunderts den Angostura Bitter. Mit diesem Mittel wollte er das Fieber der Soldaten im Dschungel senken - vom fein-würzigen Geschmack waren aber bald schon viele angetan und so wurde der Bitter zum Getränk.
Im Jahr 1875 zog Siegert nach Trinidad weiter und produzierte weiterhin den Angostura Bitter. Zu Anfang des 20. Jahrhunderts begann man auch mit dem Handel von Rum, der anfangs von verschiedenen lokalen Brennereien abgekauft wurde. Gleichzeitig machte man sich über Jahre selbst mit den Destillations- und Gärungsmethoden bekannt und schließlich wurde ab 1945 eigener Rum produziert.
Die Destillerie Angostura entwickelte sich rasant zu einem der bekanntesten Rum-Produzenten in der Karibik und bringt heute als Hauptproduzent sämtliche großen Rums der Region hervor. Betrug die Brenn- und Lagerkapazität 1960 noch 1,3 Millionen Liter pro Jahr, so wurde sie bis zum Jahr 2000 schon auf 50 Millionen Liter erhöht. Etwa 95 Prozent davon werden in alle Teile der Welt exportiert.
In der Angostura Destillerie wird auch z.B. der Zaya Rum produziert.

Angostura 1919 Rum

GOLD
4.0

Art:
Melasse. 40%Vol.

Reife: 8 Jahre. Blend.
Bourbon-Fass. Süßrum.

Notizen:
Vanille in einer schönen Menge, Holzkohle in einer geringen Menge. Tropische Frucht mit leichten Zitrusnoten. Bratapfel. Mandelbitter unterbricht die Süße bei vollem Mund. Im Abgang trockener werdend. Balanciert und komplexer, als man es wegen seines Alters von „nur" 8 Jahren erwartet. Allerdings noch mit leicht „sprittigem" Touch. Geschmeidig, rund und gut. Bietet nicht die Tiefe, die ein besonderer Tropfen gewährt. Aber wo soll die auch herkommen, bei dem jungen Alter? Für Einsteiger zu empfehlen, da starke Vanillenoten und schmeichelnde Süße wenig fordernd sind. Klasse!

Rum&Co bewertet:

Süße	★★★½
Milde	★★★★
Würze	★★★
Frucht	★★★

Fazit:
Feiner, weicher Einsteiger-Rum.

Angostura 1824 Rum

PLATIN
5.0

Art:
Melasse. 40%Vol.

Reife: 12 Jahre. Blend.
Ebenfalls reines Bourbon-Fass aus Weißeiche. Süßrum.

Notizen:
Komplexe Explosion. Süße Melasse, Vanille und Kakaonoten treffen aufeinander und werden von Pfeffer- und ein wenig Chilliholz-Würze getragen. Fruchtige Noten erinnern an Papaya. Tabak und Leder tauchen später auf. Die Aromen tanzen sehr ausbalanciert und zugleich wild umher. Nichts für gemütliche Runden, der Rum benötigt Konzentration, um erfasst zu werden. Von eher leichtem Körper mit cremigen und seidigen Strukturen, aber unglaublichem Strudel der Aromen. Etwa mittellanger Nachklang.

Rum&Co bewertet:

Süße	★★★½
Milde	★★★★
Würze	★★★½
Frucht	★★½

Fazit:
Aromenkaleidoskop.

Zaya Gran Reserva Rum 12 Jahre

PLATIN 5.0

Art:
Zuckerrohrsaft. 40%Vol.

Reife: mindestens 12 Jahre. Blended Rum.
Reifte in ehemaligen Bourbon-Fässern. Stammt ursprünglich aus Guatemala aus der Zacapa-Brennerei (bis 2008). Inzwischen von Angostura in Trinidad hergestellt. Entsteht aus 5 verschiedenen Rum-Sorten. Süßrum.

Notizen:
Schokolade. Das Aroma beginnt mit Noten von Karamell und Vanille, beide recht deutlich. Schokolade und Banane mischen sich in den Hintergrund. Gewaltig zieht sich die Geschmackslinie durch den Rum. Samtig und ölig. Schwer. Vanille. Karamell. Schokolade. Teilweise ganz geringe Elemente von Marzipan und Nuss. Der Nachklang ist recht lang, von mäßiger Süße und wenig Holznoten, mit sehr sanften pfeffrigen Tönen. Vielleicht auch etwas Kirsche und Mokka. Er wirkt auch hier mild. Ein süßes, mildes Schwergewicht. Wer diesen exzellenten Rum einmal gekostet hat, der ist „verdorben"! Auch für Einsteiger geeignet.

Rum&Co bewertet:

Süße	★★★★
Milde	★★★★★
Würze	★★★★
Frucht	★★

Fazit:
Flüssiges Toffifee. Einer der besten Süßrums unserer Tage!

U. S. Virgin Islands

Die U. S. Virgin Islands, oft auch Jungferninseln genannt, sind eine Inselgruppe in den Kleinen Antillen in der Karibik. Sie liegen östlich von Puerto Rico und bestehen aus den drei Hauptinseln Saint Thomas, Saint John und Saint Croix sowie vielen kleinen Inseln. Die Inseln, auf denen tropisches Klima herrscht, sind ein eingegliedertes Gebiet der Vereinigten Staaten.

Im November 1493 entdeckte Christoph Kolumbus die Inseln und betrat zunächst eine Insel, der er den Namen Santa Cruz gab. Heute ist sie unter Saint Croix bekannt. Von dort aus segelte er wenig später weiter nach Norden und kam zu den Inseln Saint Thomas und Saint John. Er gab der Inselgruppe schließlich aufgrund ihrer Vielzahl und Schönheit den Namen „Jungfraueninseln".

In den folgenden Jahrhunderten wurden die U. S. Virgin Islands von verschiedenen europäischen Nationen besetzt, bevor Saint Thomas 1666 zur dänischen Kolonie wurde. 1672 errichten die Dänen schließlich die erst ständige Siedlung auf der Insel. Kurze Zeit darauf wurde auch die Insel Saint Croix dänischer Besitz. Zur damaligen Zeit erlangte der Handel mit Zucker mit der dem dänischen Gesamtstaat zugehörigen Stadt Flensburg große Bedeutung.

Bis zum Ende des 18. Jahrhunderts wurden Rum-Destillerien in Neuengland mit der Melasse von den Jungferninseln beliefert. Aufgrund der Ausfuhrsteuer wurde die Produktion allerdings massiv gehemmt. Geändert hat sich das erst, als die Steuer aufgehoben wurde - von da ab nahm die Produktion von Rum erheblich an Fahrt auf.

Seit dem Ersten Weltkrieg sind die Inseln im Besitz der Vereinigten Staaten. Da sie damals einen Marinestützpunkt in diesem Gebiet benötigten, erwarben sie die Inseln 1917 für 25 Millionen Dollar von den Dänen.

A. H. Riise

St. Thomas, eine der amerikanischen Jungferninseln, ist die Heimat der Destillerie A. H. Riise. Die Insel war einst eine dänische Kolonie. Im Jahr 1837 erteilte man in Kopenhagen dem dänischen Apotheker Albert Heinrich Riise den Auftrag, auf der Insel, die zu dieser Zeit zu Dänemark gehörte, eine Apotheke zu errichten. Ein heftiger Wirbelsturm hatte kurz zuvor die Insel zum Großteil zerstört und die Apotheke sollte Kranke und Verletzte unterstützen.

Der Apotheker A. H. Riise war aber nicht nur an der Versorgung von Kranken interessiert, sondern beantragte gleichzeitig auch das Recht zur Alkoholproduktion, das ihm mit der Auflage gewährt wurde, künftig die Armen der Insel kostenlos mit den benötigten Medikamenten zu versorgen. Riise nahm diese Auflage an und neben dem florierenden Geschäft mit der Apotheke importierte der umsichtige Geschäftsmann auch exklusive Weine und Delikatessen und vertrieb Premiumspirituosen. Damit baute er sich beträchtliche Nebeneinkünfte auf, aus denen er sich schlussendlich ein wahres Imperium für Luxusgüter schuf, das sich über die Jahrhunderte stets weiter entwickelte.

Auch die Produktion von hochwertigen Rumsorten gehörte zu den Geschäften des Apothekers Riise. Dabei wurde von jeher auf kreative Alleinstellungsmerkmale geachtet, die den A. H. Riise Rum von anderen Rumsorten positiv unterscheidet. Die schwere Süße, die allen Rums aus dem Hause A. H. Riise zu Eigen ist, hebt sich dabei ganz besonders mächtig hervor.

Auch heute wird der Rum von A. H. Riise noch auf St. Thomas destilliert. Die Firma dahinter sitzt allerdings in Dänemark und tätigt von dort aus die Geschäfte.

A.H. Riise XO Reserve Rum

PLATIN
5.0

Art:
Melasse. 40%Vol.

Reife: bis zu 20 Jahre. Blend. Single Cask.
Es ist wenig bekannt, über die Lagerung von Riise Rum.
Extremer Süßrum.

Notizen:
Unglaublich dominante Fruchtnoten, die an Mango, Papaya, Orange und Maracuja erinnern. Dazu Aromen von Vanille und viel, viel Süße. Samtig, cremig. Sehr voll und üppig. Schwergewicht. Ganz anders als erwartet. Mit Eichenwürze im Nachhall, der der Süße etwas entgegen tritt. Ein Rum, der scheidet. Mag man sehr gerne oder mag man gar nicht! Einsteiger erfreuen sich an der extremen Art.

Rum&Co bewertet:

Süße	★★★★★
Milde	★★★★★
Würze	★★
Frucht	★★★★★

Fazit:
Der Riise Einsteiger-Rum. Fruchtig-süße Oase.

A.H. Riise XO Reserve Sauternes Cask Rum

PLATIN
5.0

Art:
Melasse. 42%Vol.

Reife: etwa 20 Jahre. Blended Rum. Single Cask.
Kaum Erkenntnisse, wie die Lagerung durchgeführt wird.
Sehr extremer Süßrum.

Notizen:
Anfangs noch süßer, als der „normale" XO. Mit voller Wucht und Frucht der Traube. Leichte Nuancen von Orange, dazu wirkt er frisch, nicht ganz so schwer. Es folgt kräftige Aprikose und kräftiger Pfirsich und etwas sanfte Pfeffrigkeit im Hintergrund. Sehr cremig, sehr sanft und sehr weich und schwer. Fruchtig, honigartig, aber auch die Frische der Traube mit gefangen. Rosinensüße und auch etwas Vanille. Im Nachklang lang, aber süß und nur mit wenigen Holzwürznoten.
Die Frucht und die Süße erdrücken etwas die Komplexität. Ein extremer Fruchtrum mit hoher Süße, sicher nicht für jede Zeit des Genusses einsetzbar, aber wenn dann richtig! Sicher nicht ganz vielseitig und besonders tief gelungen. Noch fruchtiger und noch süßer, als der schon mit 5 bewertete XO.

Rum&Co bewertet:
Süße ★★★★★
Milde ★★★★★
Würze ★★
Frucht ★★★★★

Fazit:
Absolute Süß-Explosion.

A.H. Riise Danish Navy Rum

PLATIN 5.0

Art: Melasse. 40%Vol.

Reife: bis 20 Jahre. Blend.
Keine Kenntnis über die Lagerung.
Süßrum der Extreme.

Notizen: Dunkel. Schwer. Melasse, Karamell und Bitterorange. Cremig, tief. Noten von Tabak und Leder. Süß, mit bitteren Gegenpart. Der Nachklang ist lang, süß, dick, kräftig und etwas pfeffrig und mit Spuren von Muskat. Vielleicht auch schwache Klänge von Anis. Komplexität zu Gunsten von Süße und Frucht etwas unterdrückt. Milde und aufregende Abgangsnoten sind Programm. Obwohl immer noch sehr kräftig, ist die Fruchtkomponente hier geringfügig weniger ausgeprägt.

Rum&Co bewertet:
Süße ★★★★★
Milde ★★★★★
Würze ★★
Frucht ★★★★½

Fazit:
Schwerer Süßrum mit Bitterorange.

A.H. Riise Non Plus Ultra Rum

PLATIN 5.0

Art: Melasse. 42%Vol.

Reife: 25 Jahre alt. Blend.
Keine Informationen zur Lagerung.
Süßester Rum.

Notizen: Feine Noten von Orange. Schön unterschwellig, dazu Sherrynoten von etwas Schokolade und Frucht. Karamell und Vanille. Muskat und Pfeffer ringen im sehr langen Abgang und stellen eine sanfte, aber intensiv würzige Gegenstellung zur Süße. Die Frucht bleibt auch im Nachklang vorhanden und untermalt den Geschmack. Insgesamt sehr cremig und voll. Aromen tanzen, bieten zu verschiedenen Abschnitten verschiedene Geschmäcker. Nicht ganz so komplex, wie vielleicht erwartet. Die Süße erdrückt auch einiges. Wer aber Süßrums mag, der wird hier vom Feinsten bedient. Das Süßeste, was an Rum exisitiert.

Rum&Co bewertet:
Süße ★★★★★
Milde ★★★★★
Würze ★★★
Frucht ★★★★½

Fazit:
Exklusiver Dessertrum.

Venezuela

Venezuela ist ein südamerikanischer Staat an der Karibikküste, der an Brasilien, Kolumbien und Guyana grenzt. Es wird nicht überraschen, dass es Christoph Kolumbus war, der auf seiner dritten Reise 1498 die östliche Küste Venezuelas erreichte und dort an Land ging. Für ihn und seine Mannschaft war es das erste Mal, dass sie dort, an der Mündung des Flusses Orinoco, südamerikanisches Festland betraten.

Um 1522 entstand die erste spanische Kolonie in Venezuela, die jedoch im 16. und auch 17. Jahrhundert von Spanien eher vernachlässigt wurde. Zu verlockend war das Gold, das es in anderen Teilen Amerikas gab. Trotz allem widmete man sich auch hier der Landwirtschaft und schaffte Sklaven aus Afrika heran, die sich um den Anbau von Kakao, Zuckerrohr, Tabak, Kaffee und Baumwolle kümmerten. Im Jahr 1821 gelang es Venezuela schließlich, sich bei einem siegreichen Unabhängigkeitskrieg von der spanischen Herrschaft zu lösen.
Obwohl die Bedeutung des Zuckerrohrs (und somit auch der Anbau) im Laufe der Zeit für das Land geringer wurde, wird noch heute eine nicht unerhebliche Menge an Rum aus Venezuela exportiert. Der Rum ist dabei so unterschiedlich und facettenreich, wie auch die Kultur des südamerikanischen Staates. So gibt es Destillerien, die einen sehr leichten Rum herstellen, der weltweit gern für Blends eingesetzt wird. Auf der anderen Seite konzentrieren sich andere Hersteller aber auch auf gehaltvolle und länger gereifte Rums, die von Genießern viel Aufmerksamkeit bekommen.

Neben der Sorgfalt und Liebe zum Detail, die in den venezulanischen Destillerien Gang und Gäbe sind, gibt es zudem ein Gesetz im Land, das eine mindestens zweijährige Reifezeit für jeden Rum fordert, der in Venezuela abgefüllt wird. Kein anderes Land schreibt gesetzlich eine solch lange Reifezeit vor.

Destilerias Unidas S. A. (DUSA)

Die Destilerias Unidas S. A. besteht unter diesem Namen und in dieser Form erst seit 2002. Zu dieser Zeit wurde die Destillerie auf Initiative eines lokal ansässigen Investors von der Firma Diageo gekauft, in deren Besitz sie auch erst seit 2001 war. Ihren Ursprung fand sie Ende der 50er Jahre, als sich unter der Führung der Seagram's Company Ltd. die wichtigsten alkoholproduzierenden Firmen Venezuelas zusammenschlossen und ihre Spirituosen unter dem Namen Licorerias Undias S. A. Verkauften.

Heute produziert das Unternehmen Spirituosen bester Qualität und hat es sich zur Aufgabe gemacht, das Beste aus Personen, Prozessen und Produkten herauszuholen, um den selbst gesetzten Standard zu gewährleisten. Das Zuckerrohr, das die Destillerie zur Herstellung des Rums benötigt, stammt von einer eigenen Plantage, die am Fuße des Terepaima-Nationalparks liegt. So kann die Destillerie eine hohe Qualität der Rohmaterialien gewährleisten. Außerdem wird zur Herstellung des Rums nur Quellwasser mit einer hohen Reinheit verwendet.

Die Verwendung hochwertiger Inhaltstoffe, wie reichhaltige Aromen und Geschmacksstoffe sowie hochreiner Alkohol sorgen zusammen mit der Erfahrung von fünf Jahrzehnten in der Rum-Herstellung dafür, dass wir einen außergewöhnlichen Rum genießen können, der vielseitig und unvergleichlich im Geschmack ist.

Neben dem Ron Botucal werden in dieser Destillerie auch der Ron Cacique sowie der Ron Pampero hergestellt.

Vielen Dank an Sierra Madre, Deutschland und die DUSA. Danke für das zur Verfügung gestellte Bildmaterial, welches das Buch mit einem besonderen Flair versieht.

Ron Botucal, Herstellung mit Leidenschaft!

„Ähnlich der Arbeit eines Künstlers, der die besten Farben und Linien auf seiner Leinwand miteinander kombiniert. Genau so wählen wir die besten Rum-Sorten aus unserem Keller aus und vermischen sie extrem harmonisch und mit absoluter Ruhe. Einzig, um die besten Rums zu kreieren."
Tito Cordero

Tito Cordero ist ein Ingenieur für chemische Verfahrenstechnik, der seinen Abschluss auf der Polytechnic University of Barquisimeto gemacht hat. Er ist inzwischen 24 Jahre Master Ronero (Meister des Rums) bei der DUSA. Als solcher übt er die Kunst der Rum-Herstellung mit Leidenschaft, Hingabe und Respekt zu alter Tradition aus. Gleichzeitig ist dieser Umstand ein Garant dafür, dass der komplette Prozess in seinem Ursprung erhalten bleibt. Dazu gehört natürlich auch die feine Selektion des besten Zuckerrohrsafts und Kontrolle der einzelnen Arbeitsschritte um schließlich das endgültige Produkt, sprich Rum, zu erhalten.
Um einen wirklich guten Rum herzustellen ist die Bemühung und Hingabe eines jeden Einzelnen wichtig, der in der Destillerie am Prozess beteiligt ist. „Basierend auf der Inspiration, die wir durch Don Juancho Nieto Melendez im letzten Jahrhundert erfuhren, verblenden wir die besten Rums aus unserem Lagerhaus und erhalten den weltprämierten Ron Botucal Reserva Exclusiva."

Ein anderer wichtiger Punkt erfreute ihn. Die Entwicklung des Ron Botucal Ambassador, ein Ultra-Premium-Rum, bei dem jeder einzelne Tropfen perfekt gelungen ist und sich seine kompletten 24 Jahre Erfahrung widerspiegeln. In limitierter Auswahl erschienen in Spanien, Tschechien, Großbritannien, Italien und Frankreich, sowie Deutschland.

Tito Cordero hat außerdem versichert, nicht nur die Flasche Ron Botucal grün zu machen, sondern den ganzen Prozess. Und damit auf die Umwelt abzustimmen und harmonisch zu gestalten. 1998 wurde er in New York dafür ausgezeichnet.

All diese Errungenschaften werden durch über 50 Medaillen aus diversen internationalen Wettbewerben unterstrichen. Tito Cordero selbst erhielt bereits 2x seit 2011 die Auszeichnung als weltbester Master Blender auf dem UK Rum Festival.

Tito Cordero steht für die Geduld, das Wissen und die Leidenschaft für Rum-Traditionen. Eine Kunst, die von uns allen zu genießen ist. In der Kunst des Ron Botucal. Minuten nach dem Erhalt des Preises im Oktober 2013 gab Tito ein besonderes Statement von sich: „ Dies ist ein sehr emotionaler Augenblick für uns alle. Wir teilen die Auszeichnung mit allen Venezulanern und wir sind Stolz auf die Leidenschaft, die uns mit Diplomatico verbindet!“

Rum
BOTUCAL

**TITO CORDERO,
MASTER BLENDER**

Alter:	58 Jahre
Familienstand:	verheiratet
Staatsangehörigkeit:	venezolanisch
Wohnort:	Barquisimeto (Venezuela)
Sprachkenntnisse:	Spanisch (Muttersprache)

WERDEGANG

· seit 1988: Master Blender der Destilerías Unidas S.A.
  · Überwachung der Produktion & Qualitätsicherung
  · Sicherstellung der umweltschonenden Produktionsverfahren;
  · Entwicklung von Botucal Ambassador
· Abschluss in Chemieingenieurwesen (Venezuela)

AUSZEICHNUNGEN

2011 & 2013	"Rum Blender des Jahres" (Golden Rum Barrel Awards)
2014	"World's Best Master Blender" (International Rum Conference, Madrid)

Interview mit Tito Cordero (Sierra Madre, im März 2015)

Was machen Sie bei Botucal?
Ich bin der Master Blender des Rumherstellers BOTUCAL, hier in Venezuela.

Wie ist die Geschichte von Botucal?
BOTUCAL ist ein zu 100% in Venezuela hergestellter Rum. Seine Wiege hat er in einem kleinen mittelwestlichen Dorf in einer geografisch privilegierten Region zwischen der venezolanischen Ebene und den Anden. Diese geografische Lage, der Sitz der Fabrik, verleiht dem Botucal Rum und dem Zuckerrohr den besonderen Charakter und fördert ihre Reifung.

Die Marke Botucal wurde 1988 zum ersten Mal von den vorherigen Besitzern als Premium Rum gegründet. Die Produktion wurde bis 2004 weitergeführt, bis wir neuen Eigentümer entschieden, das Angebot zu erweitern. Es entstehen die Sorten: Botucal Reserva, Botucal Reserva Exclusiva und Single Vintage. Mit den Merkmalen die wir heute kennen und auf dem Markt haben.

Können Sie etwas zu dem Geschmack des Rums sagen?
Jeder einzelne Rum von Botucal zeichnet sich durch eine eigene Persönlichkeit aus. Zum Beispiel beim Botucal Reserva Exclusiva besticht die schöne Bernsteinfarbe, die Balance und die harmonische Ausgewogenheit all seiner Aromen und Geschmacksnoten. Als besondere Noten zu erwähnen wären Noten von Orangenschale, dunklem Zucker, Zucker- und Walnuss-Sirup. Im Mund entsteht ein sanftes Gefühl und eine Süße, die mit all diesen Noten harmoniert.

Woraus besteht der Rum?
In der Botucal Produktion verwenden wir Zuckerrohrsaft, sowie auch Melasse. Der Botucal Rum ist ein blended Rum aus leichten, semi-leichten und schweren Sorten. Die leichten Rum-Sorten unserer Produktion bestehen aus Melasse, während die schweren, die dem Produkt die Struktur und die persönliche Note verleihen, aus dem Zuckerrohrsaft sind.

Wie wird der Rum produziert?
Als Grundmaterialien verwenden wir Zuckerrohrsaft und Melasse, die wir je nach Reinheit und Zuckergehalt auswählen. Diese Grundstoffe werden mit einer aus unserem Haus eigens entwickelten Hefe gegärt, um die Aromen und Geschmacksnuancen zu erhalten. Danach wird in verschiedenen Gruppen destilliert. Wir erhalten fünf verschiedene Destillate, die wir getrennt voneinander zu einem optimalen Alter reifen lassen. Per Gesetz sind es in Venezuela mindestens zwei Jahre, die ältesten sind bis zu 12 oder gar 14 Jahre alt.

Dieser harmonische Blend verleiht den Reservas einen ursprünglichen Charakter und zwar allen Rum-Sorten. Botucal Anejo, Reserva, Reserva Exclusiva und Single Vintage.

Mögen Sie Rum?
Rum fasziniert mich. Es ist mein Lieblingsgetränk.

Warum mögen Sie Botucal?
Den Botucal Rum trinke ich vor allem wegen seiner Qualität, seiner Persönlichkeit und seiner Leichtigkeit. Es ist ein Rum, der Vielfalt bietet. Mit seinen verschiedenen Sorten passt er zu verschiedenen Anlässen und lässt sich auf verschiedene Arten trinken.

Wie lange arbeiten sie schon als Master Blender?
Ich arbeite seit 27 Jahren in der Rum-Industrie.

Wie ist es, für Botucal zu arbeiten?
Es ist ein wahr gewordener Traum. Es erfüllt mich zu sehen, wie weit Botucal heute gekommen ist. In kurzer Zeit wurde er zum meist prämierten Rum der Welt.

Was macht Botucal so besonders?
Seine Qualität, sein Produktionsverfahren und die Menschen, die hier arbeiten.

Was ist das wichtigste, was Botucal je widerfahren ist?
Es ist die Positionierung des Rums auf weltweiten Niveau. Aktuell wird er von allen Verbrauchern anerkannt und geschätzt. Und das in einer so kompetitiven Welt, auf dem internationalen Markt des Rums.

Was ist das Wichtigste, was Ihnen bei Botucal passiert ist?
Die wichtigste Geschichte, die ich mit Botucal erlebt habe, war die Entwicklung vom Mitarbeiter der Produktion, der in einem kleinen Dorf im Mittelwesten Venezuelas war und zur weltweiten Leitfigur von Botucal wurde.

Was ist das Geheimnis von Botucal?
Ich glaube, es ist der Herstellungsprozess, der das Handwerk, die Tradition und die Technologie vereint, um die so geschätzte Qualität des Rums zu erreichen.

Welche Möglichkeit hat Botucal, etwas zu verbessern?
Ich glaube, das Botucal in jeder seiner Marken eine klar definierte Persönlichkeit hat, die, sollte man sie verändern, das Produkt gefährden würde.

Beschreiben Sie mir Botucal in drei Worten.
Original, reif, bewundernswert.

Wenn Botucal original, reif und bewundernswert ist, was sollten die Leute tun?
Sie sollten ihn probieren und ihn lieben, weil seine hohe Qualität Grund genug dafür ist.

Danke an Sierra Madre für das Interview.

Ron Botucal Reserva Exclusiva

GOLD
4.5

Art:
Melasse. 40%Vol.

Reife: 3 - 12 Jahre. Solera System.
Reifung erfolgt in Bourbon-Fässern. Süßrum.

Notizen:
Karamell, brauner Zucker, Vanille, Pistazie, dunkle Schokolade. Sehr weich, schwer und ausgeglichen. Fruchtkuchen. Samtige Textur, elegant, süffig. Rosine. Zimt. Lebkuchen. Weich und cremig, wirkt sehr harmonisch. Mainstream der Extraklasse. Leicht zu verstehen. Einer der besten (wenn nicht sogar der beste) Rums für Einsteiger.
Unbedingt probieren!

Rum&Co bewertet:
Süße ★★★★
Milde ★★★★
Würze ★★
Frucht ★★

Fazit:
Dies sollte der erste Premium-Rum sein.

Ron Botucal 2000 Single Vintage Rum

PLATIN
5.0

Art:
Zuckerrohrsaft. 43%Vol.

Reife: etwa 13 Jahre. Blend.
Reifte zur einen Hälfte in Bourbon-Fässern, zur anderen Hälfte in schottischen Single Malt Fässern. Im Anschluss gemeinsam in Sherry-Fässern. Der Rum trägt den Namen Vintage 2000, weil er aus dem Zuckerrohr diesen Jahres entstand. Das Jahr 2000 galt als das beste seit Jahren, für die Qualität von Zuckerrohr. Stark limitierter Süßrum.

Notizen:
Wahnsinnig kräftiges Bukett. Schokolade, Frucht (etwas Traube und Banane) und leichte Rauchnoten. Rosine. Feine Würze des Holzes. Recht hohe Lieblichkeit. Schön mild. Hohes Volumen, auch dank der 43% Vol. Ein Rum mit Rasse und Klasse. Geröstete Nuss. Mandel. Ganz langer Nachklang. Intensiv, aromatisch, kräftig und befriedigend. Komplex, mit viel Volumen. Kein Einsteiger-Rum.

Rum&Co bewertet:
Süße ★★★½
Milde ★★★½
Würze ★★★
Frucht ★★★

Fazit:
Subjektiv. Der beste Botucal, der je hergestellt wurde!

Diplomatico Rum Ambassador

GOLD
4.5

Art:
Melasse. 47%Vol.

Reife: mindestens 14 Jahre. Blend.
Außerhalb Deutschlands heisst Ron Botucal immer noch Ron Diplomatico. Für 12 Jahre Reifung im BourbonFass. Für weitere zwei Jahre im PX-Sherry-Fass. Süßrum.

Notizen:
Schöne Noten von Schokolade und Trockenfrucht, Vanillenuancen, Karamell, vielleicht etwas Kaffee. Großartiges Volumen und trotz seiner 47% sehr schön mild. Cremig, feine Struktur und schwerer Körper. Spuren von Blumenwiese und Honig. Nussigkeit. Anis, Pfeffer, Muskat und Zimt. Lebkuchen. Wundervoller langer Abgang, irgendwie luxuriöses Gefühl. Feine Holzaromen. Für den ganzen Abend etwas zu schwer und unverständlich.

Rum&Co bewertet:
Süße ★★★★
Milde ★★★★
Würze ★★★
Frucht ★★★

Fazit:
Großes Rum-Kino.

Cacique 500 Extra Anejo Rum

SILBER
3.5

Art:
Melasse. 40%Vol.

Reife: bis zu 8 Jahre. Solera System.
Reift in amerikanischer Weißeiche. Süßrum.

Notizen:
Die Nase besticht mit einem recht weichen und süßen Hauch, dunkle Schokolade und Toffee, sowie etwas Holz, aber auch etwas „Sprittigkeit". Im Mund erscheint der Rum weich wie Seide, aber mit bitteren Klängen gleich zu Beginn. Dann kommt eine süße Spur, getragen von Karamelltoffee mit Kaffeenoten. Würze und Süße sind wundervoll im Ausgleich mit einer recht unsüßen Tendenz. Ganz sicher kein „gefühlter" Süßrum. Leichter Alkoholbiss ist zu merken, wer einen durchweg milden Rum sucht, sucht hier nicht richtig. Nicht allzu komplex, eher leicht aufgebaut und nicht tiefschürfend. Dennoch ein sehr solider Rum, ohne wirkliche Fehler mit ein wenig fehlendem Alter. Sehr guter Rum für den Blick über den Tellerrand.

Rum&Co bewertet:
Süße ★★½
Milde ★★★
Würze ★★★½
Frucht ★★

Fazit:
Astreiner, preiswerter Solera-Rum ohne dominante Süße.

Pampero Aniversario Rum Reserva Exclusiva

GOLD 4.0

Art:
Melasse. 40%Vol.

Reife: bis zu 10 Jahre. Solera System.
Reift in Weißeiche (Bourbon) und vermutlich auch eine kurze Zeit in Sherry. Süßrum.

Notizen:
Spuren von Vanille und Kakao, sowie Karamell umgarnen den Genießer, mit wenigen würzigen Elementen, hier und dort sogar etwas Rosine. Lebkuchen. Fruchtkompott aus dunklen Beeren mit einem kleinen Schuss Kaffee. Samtig, kaum Alkoholbiss. Gewiss ist er etwas einfach strukturiert, aber das ist nicht schlimm. Im eher mäßig langen Nachklang zeigen sich noch einmal Ingwer-Eiche und Vanille. Fühlt sich sehr trocken an und bietet keine fulminante Süße. Eher dezent. Ein wundervoller Rum der unteren Premium Liga.

Rum&Co bewertet:
Süße ★★★
Milde ★★★
Würze ★★★½
Frucht ★★½

Fazit:
Sehr preiswerter Einsteiger.

Santa Teresa

Nachdem die politischen und wirtschaftlichen Schwierigkeiten überwunden sind, die im letzten Jahrzehnt zur Schließung der familiengeführten Destillerie führten, ist Santa Teresa nun wieder auf dem Weg, international Anerkennung für die Qualität des von ihnen hergestellten Rums zu bekommen.

Die Geschichte des Santa Teresa Rums reicht bis ins Jahr 1796 zurück. Damals wurde das Anwesen der Familie im sehr fruchtbaren Tal, eine Stunde südwestlich von Caracas, erbaut. Die Destillerie ist stolz darauf, die älteste, lizensierte Destillerie in Venezuela zu sein.
Einige Gebäude auf dem Anwesen stammen noch aus dem frühen 19. Jahrhundert, die Destillerie selbst wurde jedoch 1979 umfassend modernisiert. Jede Pumpe, jeder Temperatur-Tauscher, Boiler und Tank wird von Ingenieuren über eine moderne Kontroll-Anlage überwacht.

Die Melasse von der nahen Zuckermühle, die auch von Familienmitgliedern geführt wird, wird aus Zuckerrohr gewonnen, welches vom Santa Teresa Anwesen und anderen Farmen aus der Region stammt. Nachdem es in die Destillerie kommt, wird es dort in großen Tanks gelagert, bis es Zeit für die Destillation ist. Nach dem Gärungsprozess wird die Destillation in einer Column Still-Anlage vorgenommen, bevor der Rum dann reift, verblendet und schließlich in Flaschen abgefüllt wird.

Santa Teresa Rum 1796
Antiguo de Solera

GOLD 4.5

Art:
Melasse. 40%Vol.

Reife: bis zu 25 Jahre. Solera System.
Geschätzt dann doch eher 8-12 Jahre Solera. Weißeiche. Süßrum.

Notizen:
Im Geruch erinnert er gleich zu Beginn an fruchtige Kirschen und vielleicht auch Pflaume. Dann setzt die Melasse ein. Sehr harmonische Struktur. Seidig, ölig, schwer. Karamellnoten und Vanilletupfer präsentieren sich im Geschmack. Etwas erinnert an Traube und Orangenschale. Zimt, Karamell. Der Rum ist äußerst mild und von sahniger Art. Insgesamt sehr trocken, gerade im langen Nachklang, der Töne von Melasse, Vanille und Pfeffer offenbart, aber wiederum sehr mild daher kommt. Ein sehr schöner, vor allem milder Rum, mit zarten Tönen, ohne zu überladen und einer abgerundeten Trockenheit. Sehr milder Rum mit wenig Lieblichkeit. Nicht jedermanns Liebling, da die Süße nur am Rande in Erscheinung tritt.

Rum&Co bewertet:
Süße ★★
Milde ★★★★½
Würze ★★★½
Frucht ★★★½

Fazit:
Butterweicher Rum mit sehr trockenen Eindrücken.

Unabhängige Abfüller

„An einem edlen Rum schätzt man nicht seine Kraft, sondern seinen Charakter“

Konfuzius (frei nach)

Unabhängige Abfüller

Im Großen und Ganzen wird der Rum-Markt von bestimmten Marken (z.B. Ron Zacapa, Guatemala) und ihren zugehörigen Destillerien (z.B. Licorera Zacapaneca, Inhaber Industrias Licoreras de Guatemala und Diageo) beherrscht. Ein Hersteller sucht die Rohstoffe zusammen (oder stellt sie selbst her), destilliert den Grund-Rum und reift ihn im Anschluss in Holzfässern. Irgendwann ist die Reifung beendet, der Rum wird verblendet (oder auch nicht), (meist) auf Trinkstärke reduziert und anschließend in Flaschen abgefüllt. So steht er dann bei uns in der Bar.

In der Szene des schottischen Whiskys entstanden früh und schnell die so genannten Unabhängigen Abfüller. Die Abkürzung bei Whisky lautet hier UA. Ein UA destilliert nicht selbst. Statt dessen kauft er Whisky von anderen Herstellern ein, lagert ihn für gewöhnlich in eigenen Fässern, reduziert ihn auf Trinkstärke (oder auch nicht) und füllt ihn in Flaschen. Manchmal kauft ein UA sogar verschiedene bereits gelagerte Whiskys und füllt sie dann in eigene Flaschen ab. Am häufigsten findet man in der Whisky-Szene allerdings Unabhängige Abfüller, die versuchen ein einzelnes Fass so lange reifen zu lassen, bis der optimale Reifegrad erreicht ist. Um im Anschluss einen möglichst individuellen, naturbelassenen Whisky zu erzeugen.

Und was hat das mit Rum zu tun? Auf die Rum-Szene hat sich dieses Vorgehen besonders in den letzten Jahren übertragen. Mit einer mehr oder weniger ähnlichen Philosophie füllen Unternehmen, teilweise auch aus der Whisky-Szene bekannt, Rum nach ihren eigenen Vorstellungen ab. Natürlich steht hier ebenfalls die Individualität der Rum-Sorten (oft) an erster Stelle. Häufiger als im Whisky-Bereich, will ich meinen, werden die Rum-Sorten auch nicht selbst gereift, sondern nach der Auswahl eines Fasses direkt in die Flasche gefüllt. Gut oder schlecht? Wenn es schmeckt, dann ist beides gleich gut!

Bevor sich aber nun jeder auf diese Art Rum stürzt, um etwas Besonderes zu erhalten, sollte er Vorsicht walten lassen. Rum von Unabhängigen Abfüllern sind nicht Jedermanns Sache. Gerade Einsteiger kommen mit diesen Rum-Sorten seltener klar, da dort nicht immer Süßrums zu finden sind.

Ich möchte ein paar unabhängige Abfüller, in Sachen Rum, erwähnen.

Spirits of Old Man, Deutschland

Rum Project One (2013), Rum Project Two (2014) und inzwischen auch Rum Project Three (2015) sind die drei bisher eigens verblendeten Rum-Sorten von Spirits of Old Man. Rum Project One hat sich seit Release bereits in die Top Ten der am häufigsten bestellten Rum-Sorten geschlichen (bei Rumundco.de)! Das ist krass und hat niemand so erwartet. Die Vereinigung hochwertiger, karibischer Rum-Sorten im Rum Project, ist das ehrgeizige Projekt des Abfüllers Spirits of Old Man. Hierfür werden hochwertige, teilweise sehr alte Rum-Sorten aus der Karibik und angrenzender Kontinente nach Deutschland eingeführt.

Manufaktur

In sorgfältiger Handarbeit werden diese edlen Tropfen miteinander verblendet und anschließend mit einer manuell betriebenen Abfüllanlage in Flaschen gefüllt.

Genuss ohne Kompromisse

Jeder einzelne Rum der Rum Project Serie wird mit dem Ziel kreiert, ein wundervolles Geschmackserlebnis zu schaffen. Die Bemühungen sollen sich nicht sehen, sondern schmecken lassen. Bereits im Vorwege werden die karibischen Bestandteile sorgsam gewählt und verkostet, um maximales Aromenspiel zu erzeugen. Eine solche Arbeit nimmt nicht selten bis zu einem halben Jahr Zeit ein.

Jedes einzelne Rum Project ist mit höchsten Ansprüchen verblendet. Ansprüche die vor allem Rum-Einsteiger begeistern. Eine hohe Milde, eine wundervolle Harmonie, eine feine Lieblichkeit. Eigenschaften die vielen Neulingen in diesem Bereich sehr wichtig sind.

Welches Rum Project für wen?

Besonders geeignet für Menschen, die Rum gerade für sich entdecken ist das Rum Project One. Karibische Noten, Sanftheit und Kokos. Rum Project Two ist besonders geeignet für Rum-Liebhaber, die bereits etwas tiefer in die Materie der edlen Spirituosen eingetaucht sind. Töne von Orange und Papaya, sowie pfeffrige Komponenten. Rum Project Three ist ein Rum für die ganze Nacht.

Rum-Liebhaber, die gerade anfangen oder aber bereits einiges an Erfahrung mit dieser wundervollen Spirituose haben, werden ihn besonders in anspruchsvollen Abenden und Nächten zu schätzen wissen. Seine schokoladigen und kaffeeartigen Seiten laden dazu ein.

Spirits of Old Man widmet sich bei jedem Rum Project einem anderen Anspruch und möglichst opulenten Aromen. Ein Rum, der irgendwie nach Rum schmeckt ist zu wenig. Wir suchen für unsere Blend-Bestandteile viele, viele Sorten ab, um am Ende das Gewünschte zu finden. Eine komplexe Spirituose mit starken Aromen und Raum zur Entdeckung.

Jedes Rum Project besteht aus drei verschiedenen Rum-Sorten. Die jüngsten Rum-Sorten sind nicht weniger als 4 Jahre im Fass gereift, die ältesten Bestandteile sind 14 Jahre alt. Mathematisch ist jedes Rum Project zwischen 10 und 14 Jahren alt.

Design beginnt im Kopf

Jedes einzelne Rum Project wird mit einem besonderen Anliegen von den Spirits of Old Man designt. Jeder Rum ist nicht einfach nur ein Rum, sondern soll eine bestimmte Gedankenspur verfolgen. Geschmack und Idee werden aufeinander abgestimmt, um am Ende diese schmackhaften Rum-Sorten zu erhalten.

Ruhepause

Die einzelnen Rum Projects verdienen eine Ruhephase. Nach dem Einschenken dürfen gerne 15 Minuten vergehen, bevor diese edlen Tropfen ausreichend mit dem Sauerstoff oxidiert sind und so ihren Geschmack voll entfalten.

Harmonie

Ein besonderes Kriterium aller drei Rum Projects ist eine hohe Milde und Geschmacksharmonie.
Der ganze Geschmack wirkt zusammen gehörig und aus einem Guss. Disharmonische Kanten bietet keiner der Rum Projects.

Die Idee dahinter?

In einer längeren Prozedur vermischten wir (Thomas Altmann und Falk Redlich) leidenschaftlich verschiedene Rum-Sorten miteinander. Mit einer guten Portion Kuddelmuddel aus eigenem Erfahrungsschatz, Kontakten in die Spirituosenbranche und dem Willen, etwas zu schaffen wurde schnell aus einer Idee (aus Spaß) Ernst. Unter der Hilfe von Lebensgefährtinnen und Freunden wurden die Ergebnisse abgeschmeckt und verbessert. Selbst kleinste Änderungen der Zusammensetzung können in einem Desaster enden (eine „schmerzliche“ Erfahrung). Und Ernst ist heute 1,5 Jahre alt (2015) und schmeckt verteufelt gut!

Am Ende stand dann der Rum Project One fest und wurde auf den Markt gebracht. Wir hatten drei karibische Rums in einem für uns richtigen Verhältnis vermengt. Die Kundschaft gab uns recht und bereits nach kurzer Zeit ernteten wir mit diesem Rum hohen Zuspruch. Da ist es natürlich eine Freude, weitere Rum Projects ins Leben zu rufen!

Das Besondere an Old Man Spirits?

Die Rum Project Reihe ist durch die Bank Einsteiger freundlich. Alle bisherigen Rum-Sorten zeigen sich lieblich und mit einem recht deutlichen, besonderen Geschmack.

Rum Project One - Caribbean Rum

PLATIN 5.0

Art:
Melasse. 40%Vol.

Reife: unbekannt. Blended Rum.
Süßrum.

Notizen:
Milde und Harmonie. Leicht. Seidige Lieblichkeit. Leichte Fruchnoten im Hintergrund. Aprikose und trockene, bittere grüne Banane. Vanille. Rosine. Toffeespuren und mittelkräftiger Kokos. Der ganze Rum wirkt sehr geschmeidig. Rosine und Karamellnuancen. Sanfter Einstieg, schöner Mittelteil und langer Nachklang. Und wieder Kokos. Wer Kokos nicht mag, der sollte die Finger von diesem Rum lassen. Ansonsten sei diese Schönheit vor allem Einsteigern ans Herz gelegt.

Rum&Co bewertet:
Süße ★★★★
Milde ★★★★
Würze ★★★
Frucht ★★★

Fazit:
Karibik & Kokos im Rum-Glas.

Rum Project Two – Spiced Orange

PLATIN 5.0

Art:
Melasse. 40%Vol.

Reife: unbekannt. Blended Rum.
Süßrum.

Notizen: Schwer und ölig. Orange, Mango und Papaya. Milder Eintritt, süße Noten mit einer Menge Frucht. Exotisch. Herbsüße Noten, gefühlte Cremigkeit. Spuren von Rosine und Schokolade. Im Nachklang folgt Würze nach der Art von Ingwerschärfe. Leichter Chilli-Catch. Wer Orangentöne mag, der wird begeistert sein. Wer kräftige Fruchtelemente ablehnt, der sollte vorsichtig sein. Insgesamt nicht für Einsteiger, sondern eher für leicht erfahrene Genießer geeignet.

Rum&Co bewertet:
Süße ★★★★
Milde ★★★½
Würze ★★★½
Frucht ★★★★½

Fazit: Orange und Ingwer im Kombination.

Rum Project Three – Dark Expression

PLATIN 5.0

Art:
Melasse. 40%Vol.

Reife: unbekannt. Blended Rum.
Süßrum.

Notizen: Sehr sanfte Aromen-Bombe. Seidige Struktur am Gaumen. Beschwingt und leicht. Töne von dunkler Schokolade, Tabak und Leder. Leicht bittere Noten. Ganz feine Rauchigkeit im Hintergrund. Erinnert an Holzkohlegrill. Im Nachklang Spuren von Kaffee diverser Spielart. Dunkel. Die harmonische Verbindung zwischen Rum und Kaffee ist absolut gelungen.

Rum&Co bewertet:
Süße ★★½
Milde ★★★★½
Würze ★★★★½
Frucht ★½

Fazit: Schmeichelhafte Offenbarung ohne zu starke Elemente.

Plantation Rum, Frankreich

Was hat ein Cognac-Haus aus Frankreich mit Rum aus der Karibik zu tun? Der Cognac-Hersteller Ferrand aus Frankreich ist für den inzwischen weltweit geachteten und häufig beliebten Plantation Rum verantwortlich. Was ist der Grund für diesen Ruhm?

Es geschieht immer wieder, dass ein Hersteller seine benutzten Fässer an einen Betrieb weitergibt, der andere alkoholische Destillate herstellt und diese in einer bestimmten Fassart lagern will. So sind speziell die Whiskeyfässer (Bourbon) beliebt, um Rum und anderen Spirituosen den letzten Schliff zu verleihen. Aber auch Fässer, in denen zuvor Cognac lagern durfte, werden weitergereicht und wiederbenutzt, wenn auch wesentlich seltener. Auf diesem Wege entstand die Verbindung zwischen dem renommierten Cognac-Hersteller Ferrand aus der Charente in Frankreich und dem karibischen Rum. Einige Rum-Brennereien ließen Cognacfässer anliefern, um sie für ein edles Finishing ihrer Destillate aus Melasse zu verwenden. Als Dankeschön lud man Alexandre Gabriel von der Maison Ferrand dazu ein, doch einmal persönlich vorbeizuschauen und bei einer Verkostung hautnah mitzuerleben, welchen Einfluss seine Weinbrandfässer auf den Rum ausüben. Der Unternehmer und Brennmeister war so angetan davon, dass

Plantation Rum: eine kleine Auswahl Premium-Rum

er sich in den Rumgenuss verliebte und auf die Idee kam, Plantation Rum zu gründen. Er setzte es sich zum Ziel, fortan unter jenem Markennamen vorzüglichen Rum aus verschiedenen Ländern in der Karibik, in Zentralamerika und in Südamerika abzufüllen.

Die Idee dahinter?

Plantation Rum ist in den etwas gehobeneren Preissegmenten stets eher exklusiv. Es handelt sich dabei nahezu um ausnahmslos Single Cask Abfüllungen (Black Label) in sehr limitierter Auflage. Dabei unterliegt jeder einzelne von ihnen einer Double-Cask-Reifung. D.h. Jeder einzelne von diesen hochwertigen Rum-Sorten wird mindestens in zwei verschiedenen Fässern gereift, um sein fulminantes Geschmacksbild zu erhalten. Einige von ihnen sind sogar Triple-Cask-Rums. Das erste Fass ist normalerweise das ehemalige Weißeichefass mit zuvor gelagertem Bourbon-Whiskey. Das zweite Fass ist in der Regel ein hauseigenes Cognac-Fass. Und als drittes wird gerne ein Wein-Fass genommen, welches zuvor recht süßen und schweren Wein trug (z.B. Sherry, Marsala, Port, Sauternes, usw.). Durch diese Methode wird jede Flasche Plantation Rum einzigartig und mit vielen Alleinstellungsmerkmalen gesegnet! Selbst die einfachsten Rum-Sorten von Plantation sind einfach verdammt gut gelungen und macht aus dieser sorgfältigen Vorgehensweise eine Schatzkiste voller Geschmack!

Das Besondere an Plantation Rum?

Plantation Rums gehören im Schnitt zu den (mittel)süßen Rum-Sorten und empfehlen sich für Einsteiger und Fortgeschrittene gleichermaßen. Unter den Plantation Rums begeistert jeder einzelne mit besonderen und feinen Geschmackskombinationen. Das schließt die einfachen Rums mit ein. Schmeckt nicht, gibt's nicht.

Um es noch einmal mit klaren Worten zu sagen: Jeder einzelne Rum von Plantation Rum ist einen Kauf wert. Sie sind alle ausnahmslos gut (natürlich ist Geschmack immer noch subjektiv)!

Barbados
1995
Jamaica
1998

Plantation Rum Barbados XO 20th Anniversary

PLATIN
5.0

Art:
Melasse. 40%Vol.

Reife: etwa 13-14 Jahre. Blended Rum.

Reift auf Barbados 13 Jahre in Bourbon-Fässern, anschließend bis zu 18 Monaten in Frankreich in ehemaligen Cognac-Fässern (Limousin-Eiche). Abgesehen vom Double-Aging, auch in zwei verschiedenen Klimata gereift (Barbados & Frankreich).
Seit 2013 ist er in dieser Abstimmung „neu" gemischt worden, die alte Version war etwas „kokoslastiger". Ist zum 20jährigen Firmenjubiläum entstanden. Süßrum.

Notizen:
Eindrücke von Vanille und zartem Karamell, dazu gesellt sich dunkles Toffee. Auch Zimteindrücke sind präsent, sowie Muskatwürze mit einem fruchtigen Touch von Aprikose. Ganz zart im Hintergrund etwas Kokos. Der Plantation XO Barbados ist wie eine Feder. Superleicht und superweich. Dabei vollstes Aroma und Strudel von Eindrücken und Geschmäckern. Nie aufdringlich, sondern immer samtig. Wundervolle Harmonie, die richtige Süße, die richtige Würze des Holzes mit Muskat und Pfeffereindrücken am Rande. Keine Spur von bissigem Alkohol. Sehr samtiges Mundgefühl. Absolute Empfehlung. Achtung, der Rum braucht sehr lange im Glas! Auch für Einsteiger zu empfehlen!

Rum&Co bewertet:
Süße ★★★
Milde ★★★★★
Würze ★★
Frucht ★★★

Fazit: Gehört in jedes Rum-Regal!

Plantation Rum Barbados 15 Jahre Rum&Co Edition

PLATIN 5.0

Art:
Melasse, 42% Vol.

15 Jahre alt. Single Cask Rum.
Eine genaue Aufschlüsselung ist nicht zu finden, wir meinen Erstreifung in Bourbonfässern und Anschlussreife in Cognac- und Sherry-Fässern. Süßrum.

Notizen:
Dunkle Schokolade, Zitrusfrucht und Holzwürze. Pfirsich, Schokolade und Zitrushonig. Im Hintergrund dezente Röstaromen von Kokos. Holzwürze am Rande. Süßer Start, fruchtiger Übergang, süßes Ende. Leicht und samtig, nicht sehr komplex, teilweise Bitternoten von herbem Toffee, die dem süßen „Rausch" entgegenwirken. Erinnert an Bittermandel. Kein Rum für eine tiefe Erkenntnis, aber absolut entspannend und „süffig". Warmer und exzellenter Entspannungsregen am Gaumen. Der Rum dürfte auch für Einsteiger gelungen sein!

Rum&Co bewertet:
Süße ★★★½
Milde ★★★★★
Würze ★★★½
Frucht ★★★

Fazit: Exzellenter Entspannungsrum!

Plantation Rum Belize 7 Jahre Rum&Co Edition

PLATIN 5.0

Art: Melasse. 43%Vol.

Reifte 7 Jahre. Single Cask Rum. Erstreifung in Bourbonfässern aus Weißeiche. Anschließend in Fässern der „Late Harvest Traube“. Das sind überreife und sehr süße Trauben. Nahezu kein Süßrum.

Notizen: Eine traubensüße Explosion zu Beginn, die in eine fantastische Würze übergeht und ein riesiges Volumen an den Tag legt, um im Anschluss sehr lange nachzuklingen. Leicht und gewaltig. Starke Gegensätze von Süße und Würze. Schwache Nuancen von Vanille, dominante Frucht mit recht trockenem Ende. Röstaromen. Wer Milde bevorzugt, der ist hier nicht richtig. Dafür bietet dieser junge Rum Abenteuerlust und Aufregung. Geschmacksexplosion. Aufgrund seines Alters hält sich die gesamte Milde in Grenzen. Nicht für Einsteiger geeignet, allerdings durchaus für Whisky Genießer (der torfigen Whiskys).

Rum&Co bewertet:

Süße	★★★★
Milde	★★
Würze	★★★★
Frucht	★★★★

Fazit: Achterbahn der Eindrücke!

Plantation Rum Guatemala XO Pineau Finish

GOLD 4.5

Art: Zuckerrohrsaft. 40%Vol.

Reife: unbekannt. Single Cask Rum. Das Alter ist nicht zu ergründen. Wir tippen aber schon auf 10 Jahre. Bourbon-Fässer, mit anschließender Reifung in ehemaligen Fässern des Pineau des Charentes (Mischung aus unfermentierten Traubenmost und Eau de vie de Cognac). Süßrum.

Notizen: Spritziger Rum mit tollen grasigen Vanillenoten und einem fulminanten Ausklang der Traube. Zu Beginn eher süß, schwindend, dann trocken und würzig. Grüne Banane. Etwas Pfeffer. Pflaumenaroma, sowie etwas Tabak und Leder. Leichte Schokoladentöne und Kokos. Wirkt frisch und leicht, an Stelle von schwer und gediegen. Insgesamt sehr schöne Harmonie der Eindrücke. Zum Teil Röstaromen. Könnte auch Einsteiger motivieren.

Rum&Co bewertet:

Süße	★★★
Milde	★★★½
Würze	★★★★
Frucht	★★★

Fazit: Exzellente Verwebung der Aromen!

Tres Hombres, Niederlande

Drei Männer mit einem Segelschiff und einem hervorragenden Rum. Ein Österreicher und zwei Holländer treffen sich, können sich für Rum begeistern und begründen zusammen eine Reederei. Sie kaufen ein baufälliges Segelschiff, möbeln es mit der Hilfe vieler Hände auf und segeln damit um die Welt. Nicht ganz, sie segeln in die Karibik um dort Rum zu laden. Der Rum wird zurück in die Niederlande gebracht, dort abgefüllt und als Fair-Transport Rum verkauft. Keine Schadstoffe und die Produzenten direkt und fair vor Ort bezahlt!
Die Tres Hombres ist ein Kriegsfischkutter und lief 1943 in Swinemünde vom Stapel. Nach Ende des Zweiten Weltkriegs bauten die Eigner das Schiff zu einem Fischkutter um, um unter anderem auch als „Seeadler" in Kiel beheimatet zu sein. Nach zahlreichen Verkäufen und Eigentumswechseln landete das Schiff schließlichin den Händen der heutigen Besitzer. Das war 2007.
Heute ist die Tres Hombres ein stark restaurierter Frachtsegler.

Die Idee dahinter?

Der Beweis eines voll funktionierenden Fair-Transport-Konzepts!
Eine Tour von den Niederlanden (Start Oktober) nach Norwegen, um dort Stock-Fisch zu laden. Weiter über Frankreich (Wein laden) nach Portugal (Olivenöl laden). Dann geht es über den Teich nach Brasilien. Dort werden Kaffeebohnen und weitere Amazonasbecken-Produkte aufgenommen.

Inzwischen gibt es mehr Anlaufstellen als zu Beginn (die Kanaren sind dazu gekommen) und die ursprünglichen Gründer von Tres Hombres segeln nicht mehr ständig selbst mit. Der Rum von Tres Hombres ist anspruchsvoll und hochwertig, durch die Natur der Sache auch etwas teurer.

Tres Hombres Crew

Das Besondere an Tres Hombres Rum?

Der Tres Hombres Rum ist für Einsteiger und für Fortgeschrittene gedacht. Die Rum-Sorten aus der Dominikanischen Republik verzücken Anfänger und Erfahrene. Die Las Palmas Rums eher nur die erfahrenen Genießer. Erstere sind schwer und lieblich, mit einem gewissen, würzigem Touch. Zweitere sind eher trocken, grasig und pfeffrig.

Tres Hombres Rum XV 2014 Edition 006 La Palma

GOLD 4.5

Art:
Melasse. 41,3%Vol.

Reife: 15 Jahre. Blend.
15 Jahre Reifung im Fass. Süßrum.

Notizen:
Leichter Körper. Pfeffrig. Kräftige Vanillespuren im Duft und Geschmack. Fruchtige Noten von trockenem Dörrobst. Warm. Cremig. Kräftig, interessant und vielschichtig. Feine Würze, die nie untergeht. Balance zwischen Süße und Würze. Für Fortgeschrittene gut geeignet.

Rum&Co bewertet:
Süße ★★½
Milde ★★½
Würze ★★★★
Frucht ★★★

Fazit: Agricole-Züge im Charakter!

Tres Hombres Rum XVIII 2014 Edition 006 Dominikanische Republik

PLATIN 5.0

Art:
Melasse. 40,7%Vol.

Reife: bis 18 Jahre. Solera System. Süßrum.

Notizen:
Wiegt schwer. Süße. Orangenschale und Rauchspuren. Etwas hölzerne Würze, die schnell rund und geschmeidig wirkt. Spuren von Nuss und Tabak. Knapp am komplexen Einsteiger-Rum vorbeigeschrammt. Wenn ein Rum leicht weniger süß sein darf, zuschlagen!

Rum&Co bewertet:

Süße	★★½
Milde	★★★
Würze	★★★★
Frucht	★★★

Fazit: Schwerer Liebhaber-Rum!

Cadenhead´s, Schottland

Cadenhead´s begann seine unabhängigen Abfüllungen mit schottischem Whisky. Heute zählen auch Rums zu ihrem Portfolio. Sie lagern selbst und warten auf den optimalen Zeitpunkt der Reife, um ihre Produkte abzufüllen. Diese Rum-Sorten sind absolut ursprünglich, tief und ergreifend. Sie gefallen nicht jedem, aber jedem stark passionierten Rum-Genießer. Die Trinkstärken liegen häufig bei über 40% (eher 46%) oder gleich Fassstärke (d.h. unverdünnt mit ~50% bis 60%)

Die Idee dahinter?

Cadenhead´s verspricht der Kundschaft: Wir füllen absolut naturbelassene Spirituosen ab. Wir kühlfiltern nicht und bearbeiten unsere Abfüllungen auf keinen Fall chemisch. Ebenso färben wir nicht. Jede einzelne Abfüllung entspringt einem speziellen Fass.

Warum sind die Rum-Sorten von Cadenhead´s generell bei Rumundco.de so schlecht bewertet? Ihnen fehlt schlicht Süße, was viele Menschen von einem Rum einfach erwarten.

Cadenhead´s Besonderheit ist: Sie lagern ihren Rum im heimischen Schottland und so kommt diesem Rum das so genannte „Slow Aging“ zu Gute. Gegenüber einer schnellen Reifung im karibischen Raum wandern die Aromastoffe sehr langsam, dafür tief, in den Rum.

Das Besondere an Cadenhead´s Rum?

Cadenhead´s Abfüllungen sind absolut großartig und häufig auf Guyana spezialisiert. Die Preise sind stets fair. Kein Rum ist süß, kein Rum ist für Einsteiger geeignet, die vor allem so genannte „Milde“ und Lieblichkeit suchen. Ganz ursprüngliche Geschmacksaromen in langsamer Reifung!

Cadenhead's Guyanan Rum
10 Jahre Green Label

Art:
Melasse. 46,0%Vol.

Reife: 10 Jahre. Blend.
Reift in Schottland. Langsame, tiefe Reifung durch schottisches Klima.
Absolut kein Süßrum.

Notizen:
Ganz ungewohnter Eintritt. Weit weg vom Süßrum. Fühlt sich schwer und leicht zugleich an. Aroma entfaltet sich bei viel Wärme. Kräftig, intensiv. Fruchtspuren von Orangenschale und bittere Elemente. Holzwürze. Wenig Spuren von Vanille. Irgend etwas Schweres im Hintergrund. Leichte Rauchspuren. Für schwerst Fortgeschrittene oder für Whisky-Kenner! Tipp: Auf der Terrasse im Sommer genießen.

Rum&Co bewertet:
Süße ★
Milde ★★★
Würze ★★★★
Frucht ★★★

Fazit: Muss man lernen, dann aber Gold wert!

Cadenhead´s Barbados Rum 11 Jahre Dated Cask Strength

PLATIN 5.0

Art:
Melasse. 59,1%Vol.

Reife: 11 Jahre. Single Cask Rum.
Reiung in Schottland. Abgefüllt in Cask Strength, also Fassstärke. Dated Cask Serie der Schotten. Kein Süßrum.

Notizen:
Unbedingt lange atmen lassen. Wahnsinnig viel Aromen und Alkoholstärke. Vorsichtig sein! Kein bisschen „spprittig". Warm, lange, heftig. Intensiv, kräftig, Aromenexplosion. Frucht. Ananas. Orange. Dann Holzwürze, sehr intensiv. Fast übermächtig. Honigelemente. Auf gar keinen Fall für Einsteiger geeignet. Unbedingt lange im Glas atmen lassen. Wer es mag, der darf auch ein wenig Wasser hinzufügen.

Rum&Co bewertet:
Süße ★
Milde ★★
Würze ★★★★★
Frucht ★★

Fazit: Die Urkraft von Rum!

Alambic Classique, Deutschland

Alambic Classique beschäftigt sich vor allem mit Whisky, Cognac und Rum. Sie importieren aus diversen Ländern direkt und füllen in Deutschland ab. Der bezogene Rum ist endgereift und kommt so oder mit Wasser (leicht) verdünnt in die Flasche. Generell tragen die Abfüllungen ein Alkoholvolumen von 45%.

Die Idee dahinter?

Rum von Alambic Classique ist ähnlich geartet, wie der von Cadenhead´s. Naturbelassen, nicht süß und ohne chemische Bearbeitung. Ihm ist die karibische Reifung zu eigen! Kein „Slow Aging", sondern Schnellreifung. Wer möchte, der kann mit einem Cadenhead´s und einem ähnlichen Alambic den direkten Vergleich zwischen den Klima-Einflüssen der Reifung anstellen.

Das Besondere an Alambic Rum?

Auch die Abfüllungen von Alambic Classique sind auf keinen Fall für den generellen Einsteiger geeignet. Sie sind hochwertig und hochpreisig (aber für den entsprechenden Adressaten ihr Geld wert!). Sie bieten den wirklich ursprünglichen Geschmack von Rum!

Alambic Classique Rum
Foursquare 6 Jahre Barbados

Art:
Melasse. 45%Vol.

Reife: 6 Jahre. Single Cask Rum. Reifung in Barbados. Bourbon-Fass. Kein Süßrum.

Notizen:
Braucht viel Luft zum Atmen. Starker Antritt mit intensiven Aromen. Im Mund wird der Rum etwas weicher, um zahlreiche fruchtige Teile zu offenbaren. Dann mündet er in einem sehr langen Nachklang von einer gewissen Leichtigkeit und Würze, die an Muskat erinnert. Nur 6 Jahre im Fass, deshalb viel Kraft. Orangenfrucht und Kokos. Vielleicht Noten von Banane? Vanille und ein wenig Noten von Honig. Leichter Körper. Für Neulinge viel zu wenig süß und damit unharmonisch. Für Abenteurer perfekt als Einstieg geeignet!

Rum&Co bewertet:
Süße ½★
Milde ★★
Würze ★★★★½
Frucht ★★★

Fazit: Kraftpaket aus der Foursquare Destillerie!

Alambic Classique Rum
Caroni 15 Jahre Trinidad

PLATIN
5.0

Art:
Melasse. 45%Vol.

Reife: 15 Jahre. Single Cask Rum.
Reifung in Trinidad. Bourbon-Fass. Finish im Sherry-Fass. Kein Süßrum.

Notizen:
Ein sehr fordernder Rum. Zu Beginn hohe Esterteile, die sich in Form von Lack bemerkbar machen, im Duft. Atmen lassen, dann verfliegt das. Auf der positiven Seite bedeutet das, viele intensive Aromen im Rum! Karamell und Vanille sind recht deutlich präsent, allerdings ungesüßt. Noten von Bitterkeit und Tabak. Stumpfes Leder und Kirsche. Rosine, Schokolade. Am Ende wartet der Rum mit Kaffee und herber Fruchtigkeit auf. Keine sehr dominanten Elemente, alle fein und leicht eingearbeitet. Der Rum wirkt insgesamt sehr heftig, kräftig und intensiv. Nichts für „Harmoniebedürftige". Einer der heftig guten Rum-Sorten ohne Süße!

Rum&Co bewertet:
Süße ★½
Milde ★★
Würze ★★★★½
Frucht ★★★½

Fazit: High-End Rum der Extraklasse.

Rum Nation, Italien

Der UA Rum Nation startete in 1999 mit dem Import von Rum-Fässern. Vor allem die Karibik und Mittel-, sowie Südamerika war das Ziel. Das größte Interesse galt dabei den so genannten „englischen“ Rums. Navy Style. Schwer, tief und meistens auch süß.

Die Idee dahinter?

Rum Nation hat auf jeder Flasche das Design einer Briefmarke des Landes, aus dem der Rum stammt, aufgedruckt. Dieses Kernelement bleibt jeder Flasche erhalten, auch nach dem Re-Design. Der überaus beliebte Ron Millonario Rum ist übrigens ein „Spin off“ der Rum Nation Serie und stammt aus Peru. Heute einer der beliebtesten Premium-Rums unserer Zeit.

Empfehlung: Viele Rum Nation Rums eignen sich für fortgeschrittene Einsteiger. Sie wirken intensiv und kräftig. Ihnen ist eine gewisse Süße zu eigen, die sie beliebt machen. Als einen der ersten Rum-Sorten empfehlen wir Rum Nation nicht, als einen der zweiten auf jeden Fall!

Rum Nation Demerara Solera No. 14

GOLD
4.0

Art:
Melasse. 40% Vol.

Reife: bis etwa 7 Jahre. Solera System.
Reifung zum großen Teil in Guyana in Bourbon-Casks (etwa 6 Jahre). Anschlussreifung in Italien, durch Fabio Rossi, in Sherry-Fässern (etwa 1 Jahr). Süßrum.

Notizen:
Milde Vanille. Warm, ölig. Schwer. Rosine. Kirsche. Schokolade und Orangenschale. Irgend etwas von Lebkuchen. Karamell. Pfeffer. Pfirsich. Fruchtmarmelade aus den Tropen. Würzig, intensiv. Mittlerer Nachklang. Zimtschübe von ganz sanfter Art. Tabak. Muskat. Schöner Einstieg in gehaltvolle Rums ohne dominante Süße.

Rum&Co bewertet:

Süße	★★★
Milde	★★★
Würze	★★★½
Frucht	★★★½

Fazit: Top im Preis und in Leistung!

Rum Nation Panama 21 Jahre

PLATIN
5.0

Art:
Melasse. 40%Vol.

Reife: 21 Jahre.
Blended Rum.
Reifung in Bourbon-Fässern in Panama. Kreiert durch Don Francisco (Pancho) Fernandez. Don Pancho erschuf auch Rum wie Abuelo, Origenes und Zafra. Der Zafra 21 und der Rum Nation Panama 21 sind sich schon recht ähnlich. Süßrum.

Notizen:
Leichter Körper. Unglaublich schöner Duft. Trockenfrucht. Karamell, gezuckerte Früchtekomposition von Rosine, Aprikose und Datteln. Nussige Elemente verschmelzen mit Kirsche, Tabak und auch Leder. Etwas Schokolade im Hintergrund. Ganz fein, ganz lebendig. Pfeffrig am Ende, aber nicht zu stark. Dazu Vanille und Orangenschale mit Muskat- und Ingwerschärfe. Gerne etwas Erfahrung zum Genuss für diesen Rum!

Rum&Co bewertet:
Süße ★★★½
Milde ★★★★★
Würze ★★★½
Frucht ★★★

Fazit: Exzellent!

Bilderbuch

„Bilder sagen mehr als tausend Worte!“

P. J. Reuter (vermutlich nach)

Bilderbuch

Wird in der heutigen Zeit über Rum gesprochen, so fällt recht zuverlässig nach einiger Zeit „Ron Zacapa". Verantwortlich für diesen Rum zeichnet sich die Licorera Zacapaneca, die bereits 1930 in Guatemala gegründet wurde. Bis zum heutigen Tage (und darüber hinaus) stellen sie feinen und hochwertigen Premium-Rum her.

Wir alle haben Zacapa viel zu verdanken. Aus der Sicht eines Rum-Genießers sind sie der Stein des Anstoßes gewesen. Zacapa kam als erstes auf die Idee, sehr hochwertigen Premium-Rum herzustellen und auch als solchen zu vermarkten. Bis dato fristete guter Rum einfach nur ein Schattendasein hinter Whisky und Cognac. Noch heute ist es teilweise so. Inzwischen aber lichten sich die Nebelfronten und Rum hat einen enormen Sprung in der Beliebtheitsskala gemacht.

Auf den folgenden Seiten dieses Kapitels zeigt Zacapa Herstellung und Werdegang (inklusive Ausbau des Rums) der eigenen Rum-Sorten in Form von Bildern und Anschauungsmaterial. Wir danken an dieser Stelle DIAGEO Deutschland und natürlich Zacapa für das folgende Bildmaterial. Manchmal ist es einfach so: „Bilder sagen mehr als tausend Worte!"

Ron
Zacapa®
Centenario

Union of Sky and Earth
Die Geschichte eines Meisterwerks

1. Der magische Ursprung

Der Ort des Entstehens

— Ein Land voller Kontraste und starker Gefühle.

— Eine vielfältige Region mit hunderten verschiedener Mikroklimate und Landschaften.

— Ein kraftvolles Zusammenspiel verschiedener Kulturen, Volksgruppen und Sprachen.

— Diese Vielfalt spiegelt sich in der Komplexität unserer Rums wieder.

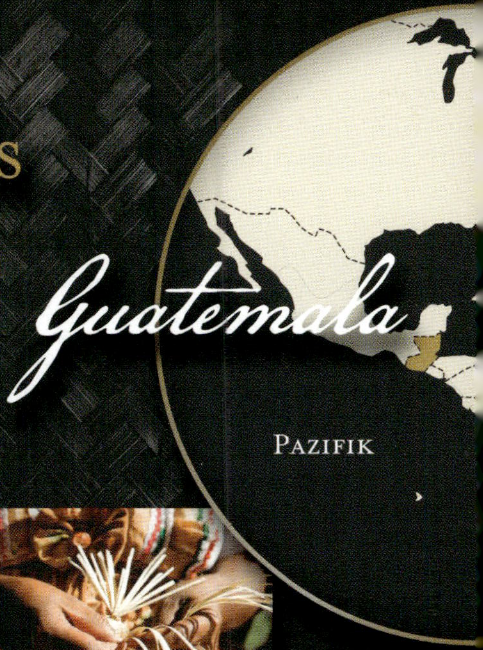

DIE KRAFT DER NATÜRLICHEN GEGEBENHEITEN

— Beeindruckende Vulkane

— Sagenumwobene Seen

— Exotische Tier- und Pflanzenarten

— Diese Natur ermöglicht es, in Guatemala Rums mit Seele zu komponieren, die mit Kreativität gemacht sind.

— Ausgehend vom mystischen Ursprung entwickelten wir unseren Rum.

2. Rum

Was ist Rum?

—Ein alkoholisches Destillat aus Zuckerrohr

Der Ursprung des Rums

—Das Zuckerrohr stammt aus Ostasien und wurde von den Arabern in Spanien eingeführt. Dort wurde es hauptsächlich an der Südküste angebaut, um Zucker zu gewinnen. In der Tat steht die älteste Zuckermühle der Welt in Granada. Als die Christen das maurischeKönigreich Granada eroberten, hatten sie die Idee, aus dem Zuckerrohrsaft Spirituosen herzustellen.

—Es gibt viele unterschiedliche Geschichten, wie Rum entstand. Auf alle Fälle weiß man, dass es die Spanier waren, die die Zuckerrohrpflanze auf die Kanarischen Inseln und nach Amerika brachten.

—Welcher Version man auch Glauben schenken will: Wahr ist, dass der Rum seit seiner Entstehung zu einem echten Weltbürger wurde.

3. Die Schauplätze

Ein echt guatemaltekischer Rum

- Retalhuleu
  Hier wird Zuckerrohr angebaut, fermentiert und destilliert.

- Quetzaltenango
  "Das Haus über den Wolken". Hier reift der Rum.

- Mixco
  Hier wird unser Rum abgefüllt.

- Chiquimula, Jocotan
  Quiche, El Progreso
  In diesen Dörfern werden aus Palmblättern Petatebänder für die Zacapa Flaschen gewebt.

- Zacapa
  Die Stadt Zacapa wurde 1876 gegründet.

4. Zauber, Kunst und Kreativität

Virgin Sugar Cane Honey

Fermentation

Destillation

Reifung

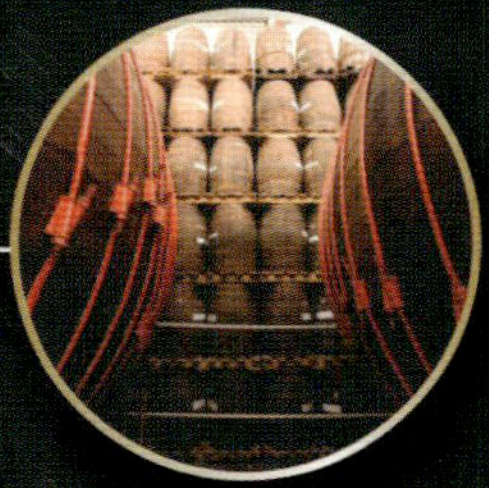

Vermählung

Virgin Sugar Cane Honey

Das Geschenk der Erde

—Über 30 Vulkane, drei davon aktiv, sorgen an der Südküste in einer Höhe von 300 bis 350 Metern über dem Meeresspiegel für einen Vulkanboden, der ideal für den Anbau von Zuckerrohr geeignet ist.

—Die durchschnittliche Jahrestemperatur liegt zwischen 25° und 30° C.

—Fruchtbare und saure Lehmböden erzeugen in unserem Zuckerrohr einen Zuckergehalt von 20 - 22% (normaler Durchschnitt 14 - 18%).

Die Geburt des Rums

—Nach der Ernte wird das Zuckerrohr geschnitten, gewaschen und gemahlen.

—Der Saft wird extrahiert.

—Ein Teil des Wassers wird verdampft, um eine konzentrierte Zuckerlösung zu erhalten und den sogenannten Virgin Sugar Cane Honey aus erster Pressung herzustellen.

Virgin Sugar Cane Honey vs. Melasse

__Die Herstellung guatemaltekischer Rums wird in jedem Produktionsschritt akribisch kontrolliert, beginnend mit der Pflanzung des Zuckerrohrs, das für die Herstellung des Virgin Sugar Cane Honeys genutzt wird.

__Zacapa wird nicht aus Melasse, sondern aus dem frischen Zuckerrohrsaft der ersten Pressung, dem sogenannten Virgin Sugar Cane Honey, gewonnen.

Virgin Sugar Cane Honey

(Zuckerrohrsaft aus der ersten Pressung) Konzentrierter Zuckerrohrsaft. Aus diesem sogenannten „Zuckerrohrhonig" wurde der Zucker nicht extrahiert.

Melasse

Restflüssigkeit, die nach der Extraktion des Zuckers bei der Zuckerherstellung anfällt.

FERMENTATION

DIE MAGIE DER GÄRUNG

— Unser firmeneigener Hefestock der Art Saccharomyces cerevisae wird aus Ananas gewonnen und gewährleistet die Kontinuität von Geschmack und Aroma von jeder Flasche.

— Die Hefe wird zum Zuckerrohrsaft gegeben, um Zucker in Ethanol, Kohlendioxid und andere Verbindungen umzuwandeln.

— Ein langsamer, behutsamer Gärprozess über mehr als fünf Tage bewirkt, dass alle Zuckerarten im fermentierten Wein zur Bildung der chemischen Verbindungen, die das Aroma und den Geschmack hervorbringen genutzt werden.

Virgin Sugar Cane Honey — Fermentation — Destillation — Reifung — Vermählung

Destillation

Die Entstehung des Charakters

— Dem fermentierten Wein wird in kolonnenförmig angeordneten Brennblasen durch Erhitzung das Wasser entzogen.

— Kontinuierlicher Brennprozess

— Die Kupferbeschichtung des Kolonnenapparates ist entscheidend für Geschmack und Charakter.

— Im Verlauf der Destillation definiert sich der Charakter, das Geschmacksprofil, und das Aroma eines jeden Rums.

Reifung

Das Haus über den Wolken

—Die kunstvolle Reifung des Rums erfolgt im Hochland von Guatemala. Dort reift Zacapa in einer Höhe von 2300 Metern über dem Meeresspiegel, in einem „Haus über den Wolken". Hier geben Holzfässer über die Jahre ihre Aromen und Geschmacksnuancen an den Rum weiter und verleihen ihm so seinen himmlischen Geschmack.

Das Solera-Verfahren

—Das Solera-Verfahren ist ein Misch- und Reifungssystem, das vor über 500 Jahren von den Spaniern zur Perfektion von Sherry erfunden wurde.

Das Solera-Verfahren

Im traditionellen „Sistema Solera" sind die "Soleras" die Fässer mit dem ältesten Rum, die "Criaderas" – die Fässer in den oberen Reihen – enthalten die jüngeren Rumjahrgänge. Im Gegensatz zum traditionellen Solera-Verfahren verwendet Zacapa ein angepasstes System.

Das Solera Verfahren bei Zacapa

Zacapa 15 & Zacapa 23

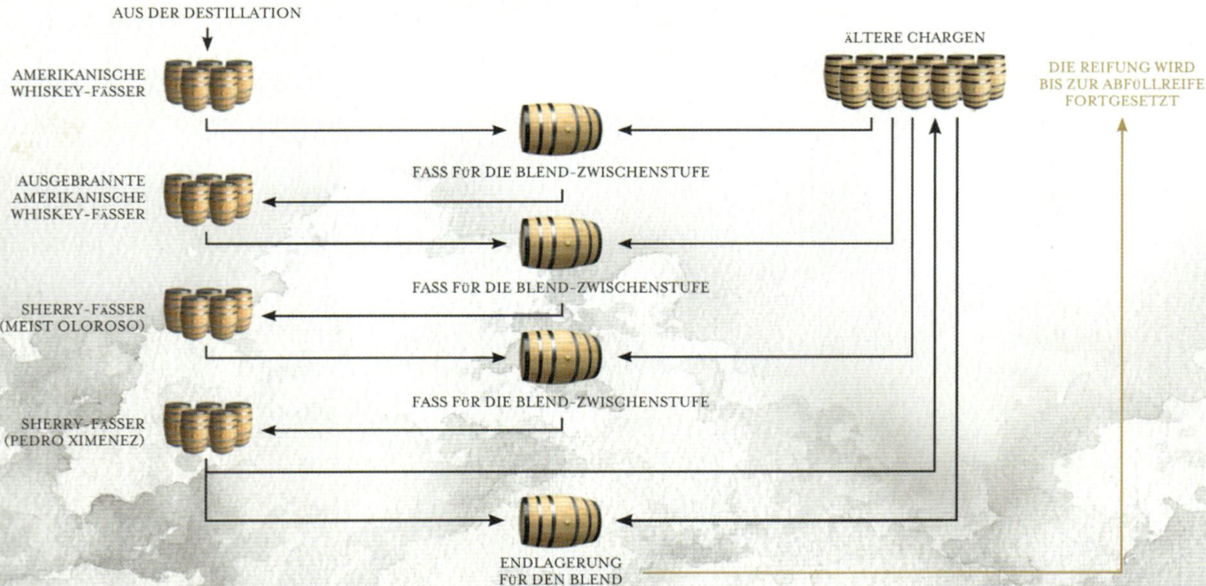

Das Solera Verfahren bei Zacapa

Zacapa XO

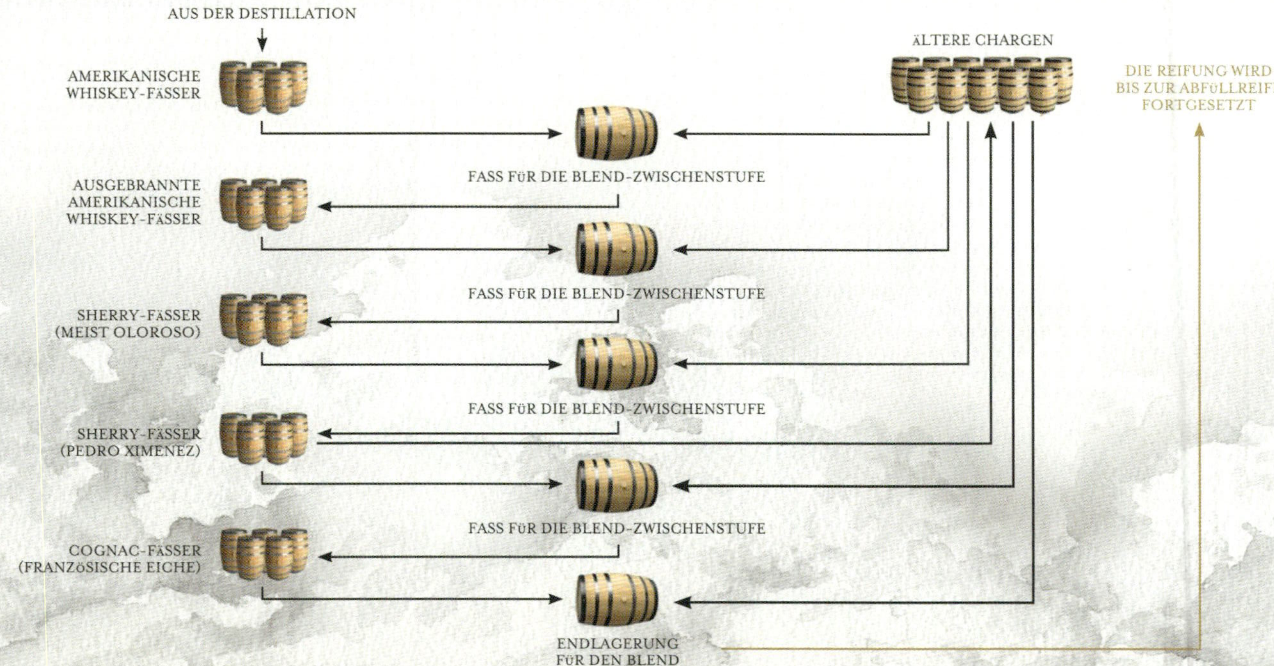

Zeit, Hingabe...

—Dynamischer Reifeprozess

—Gezielte Extraktion gewährleistet die Einzigartigkeit und den Charakter jedes einzelnen Rums.

—Der Entnahmezeitpunkt aus den Solera-Fässern hängt vom jeweiligen Rumtyp ab.

—Die Anzahl der Fässer variiert je nach Rum.

—Nach und nach nähern sich die Charakteristika der jungen Rums denen der Älteren an.

...und Leidenschaft

Farbentwicklung

Vermählung

Die perfekte Vermählung

__Geschmack, Aroma und Farbe jedes einzelnen Fasses werden sorgfältig bewertet, bevor sie in den meisterlichen Prozess der Vermählung gelangen.

__Die Vermählung erfolgt in Fässern aus amerikanischer Weißeiche.

__Hier können die Rums aus den verschiedenen Fässern ihre Aromen und Charakter weitergeben und einander bereichern, bevor der endgültige Blend entsteht.

Virgin Sugar Cane Honey | Fermentation | Destillation | Reifung | Vermählung

Live Tasting

Die aromatischste Spirituose
der Welt kennen zu lernen, lohnt sich

F. Redlich

Rum zum Anfassen -ShowRoom Rum & Co

Live Tasting

Rum kennen zu lernen, lohnt sich. Die aromatischste Spirituose der Welt im Kreise von Freunden und Gleichgesinnten zu verkosten, ist ein schönes Erlebnis.

Wir geben immer wieder Live Tastings bei uns im Tasting-Room. Die Resonanz war anfangs sehr schleppend (wat de Buer nich kennt, dat frett he nich) und inzwischen (nach etwa fast 2 Jahren) ist die Resonanz stark ausgeprägt. Etwa ein halbes Jahr im Voraus können wir lediglich nur noch vereinzelt Termine anbieten. Fairerweise muss man sagen, wir gestalten Tastings mit Gruppen von 10-15 Personen. Mindestens 10 Leute, zwecks Kostendeckung und maximal 15 Gäste, einfach aufgrund des Platzes den wir zur Verfügung haben und weil irgendwann auch die Gemütlichkeit hinten ansteht. Und wie wir bereits wissen sind Emotionen für einen großen Teil des Genusses verantwortlich.

ShowRoom Rum & Co

Für ein solches Tasting brauchen wir Rum. Ganz klar. Und zwischen den einzelnen Rum-Sorten benötigen wir etwas zum Neutralisieren des Geschmacks. Das kennen Sie vielleicht von Weinproben. Dort wird gerne Käse & Weißbrot genommen (hab ich gehört, ich trinke keinen Wein). Tatsächlich allerdings ist Käse nicht geeignet (weder für Wein, noch für Rum). Für Rum eignet sich auf jeden Fall Weißbrot. Aber auch Salzstangen und Hühnchen- und Putenfleisch. Letzteres können Sie kurz anbraten und in kleinen Häppchen zur Verfügung stellen, wenn Sie möchten. Salzstangen stören durch ihr Salz nicht, im Gegenteil, (ein wenig) Salz hebt die Aromen von Rum leicht an (das ist meine Erfahrung, kein wissenschaftlicher Beweis).

An Weißbrot können Sie Sandwich-Scheiben verwenden oder ein frisches Brot kaufen. Den Käse dürfen Sie gerne nach dem Tasting reichen, wenn Sie möchten. Dass er sich nicht zum Neutralisieren eignet, heißt nicht, er würde nicht zu Rum passen (aber hier bitte bedenken, natürlich passt auch nicht jeder Käse zu jedem Rum)! Ich habe mich inzwischen bei Live Tastings für Schüsseln voller kleiner Salzbrezeln entschieden, ein Garant fürs Wohlfühlen!

Neben dem essbaren „Neutralisator“ reiche ich einfaches Leitungswasser (Mineralwasser mit Kohlensäure ist etwas weniger geeignet, geht aber auch). Schön macht es sich in Krügen auf dem Tisch, das Auge isst und trinkt mit! Nach jedem Rum folgt Wasser und Salzbrezel. Das macht den Geschmack wieder fit für den nächsten Rum. Praktischerweise kann mit dem Wasser sowohl Mund, als auch Glas „gereinigt“ werden. Wer es noch ein wenig exklusiver gestalten möchte, der serviert zu jedem Rum ein Extra-Glas. So kann am Ende noch einmal daran geschnuppert werden, im direkten Vergleich aller angebotenen Rum-Sorten.

Rum-Sorten für Einsteiger

Die Auswahl der Sorten ist in erster Linie genau so getroffen worden, um eine Erlebnisreise mit Rum erleben zu lassen. Wie bei einer Achterbahnfahrt der aromatischen Eindrücke. Die Einfüllmenge eines jeden Rums beträgt bei mir etwa 2cl. Das ist ausreichend für genügend Geschmackseindrücke, für einen Minischluck, für einen Mittelschluck und für einen Nachschluck.

Eine Rum-Verkostung für Einsteiger startet bei mir mit einem **(0) Ron Botucal Reserva Exclusiva.**

Der Rum aus Venezuela ist ein Everybody´s Darling und gefällt vielen Gästen sofort. Er bricht das Eis, er entzündet vor allem positive Eindrücke und versetzt viele Gäste in eine gute Stimmung. Ich frage gerne nach dem Geschmacksempfinden und spreche jeden einzelnen der Gäste direkt an (niemand entkommt mir). Durch dieses Vorgehen „zwinge“ ich jeden einzelnen der Gäste, sich mit dem Rum zu beschäftigen. Das macht Spaß!

Als erster richtiger Rum der Verkostung ist bei mir an die Nummer eins der **(1) Plantation Jamaica 2001 Rum** gesetzt. Der Jamaikaner bringt satte 42%Vol. an den Start und ist ein gewaltiger „Aromenpanzer“. Er erinnert jeden der Teilnehmer an den „typischen“ Rum-Geschmack. Bekannt aus Grog, Back-Rum und Captain Morgan. Hier allerdings komplett unverdünnt! Wer bisher geschlafen hat, ist definitiv wach. Niemand entgeht diesem Volumen und diesem Geschmack. Die Gäste werden von diesem High Ester Rum gefordert. Der eine oder andere fühlt sich gar überfordert. „Sprittig?“ höre ich sehr selten. Intensiv und stark sind eher die kernigen Begriffe für das Empfinden dieses tollen Rums. Gerade Whisky-Genießer sind von diesem Rum häufig begeistert. Sein Aroma strömt durch den ganzen Tasting-Room!

Dem Plantation folgt die Nummer zwei des Live Tastings. Der **(2) Malteco 15 Jahre Rum** aus Guatemala wirkt nach dem heftigen Start filigran. Er vermittelt den Eindruck von einem sehr leichten Körper und einer gewissen Sanftheit. Dazu bemerken viele Gäste die doch

recht ausgeprägte Vanille-Note. Im Abgang zeigt er etwas Würze und „Sprittigkeit“, wie mir häufiger bescheinigt wird (länger wärmen, bitte!). Keine exzentrischen Züge, leicht und mit feinen Aromen ausgestattet. Häufig nicht des Testers Liebling. Dafür ein großartiger Rum für jeden Tag, wenn man möchte. Der Malteco 15 geht immer!

Nummer drei der Verkostung ist ein (von mir) so bezeichneter Digital-Rum. Digital-Rum? Was heißt denn das? Das heißt Eins oder Null. Das heißt man mag ihn oder man mag ihn nicht! Irgend etwas dazwischen gibt es nicht. Nur diese beiden Extreme.

Die Rede ist vom **(3) Don Papa Rum** von den Philippinen. Ein siebenjähriger Rum mit starken Fruchtnoten. Dazu gesellt sich eine doch ebenfalls bonbonartige Vanille-Note. In Kombination ergibt das einen recht süßen, Frucht-Bonbon-Rum mit Vanilleuntermalung. Und dieser Geschmack spaltet die Gäste!

Nach dem Don Papa folgt ein Vertreter aus der Dominikanischen Republik. Wenn die Gäste nach bekannten Rum-Ländern gefragt werden, so antworten sie häufig Kuba und Jamaika. Jamaika hatten wir bereits. Einen echten Kubaner habe ich im Einsteiger-Tasting nicht enthalten. Tatsächlich allerdings ist die Dom. Rep. geschmacklich im Ursprung an Kuba angelehnt. Dabei rede ich weniger von Süßrum/ kein Süßrum, als vielmehr von der „typischen“ Rauchigkeit.

Die kubanische Rauchigkeit im Hintergrund des Rum-Geschmacks erinnert nicht an den Torfrauch der bekannten schottischen Whisky aus der Region Islay. Die Rauchigkeit ähnelt mehr dem Geruch eines verbrennenden Holzkohlstücks auf dem Grill.

Und genau das zeigt der **(4) Ron Quorhum 12 Jahre Solera Rum** sehr gut. Gepaart mit seiner herben Lieblichkeit, den Noten von Orangenschale und der bereits erwähnten Rauchigkeit, findet er sich häufiger unter den sehr beliebten Rum-Sorten des Abends!

Der fünfte Rum in der direkten Verkostung ist bei mir der **(5) El Dorado 12 Jahre Rum** aus Guyana. Neben Jamaika ein Land, welches High Ester Rum-Sorten produziert. Das merken die Gäste im Rum sofort. Ausgeprägte Aromen, sehr kräftig, sehr stark im Geschmack. Dabei doch recht mild im Gesamtpaket und niemand

bindet sanfte Holznoten besser in seinen Rum ein, als El Dorado. Eine feine Lieblichkeit durchdringt diesen leckeren Tropfen. Wirkt damit nicht zu aufdringlich, sondern genau richtig. Eine hohe Dosis Geschmack und Behaglichkeit!

Und als letzter Rum des Live Tastings wird von mir der **(6) Rum Project One Caribbean Rum** by Spirits of Old Man gewählt. Ja, er sprengt etwas den Preisrahmen der anderen Teilnehmer. Während die anderen 6 Rum-Sorten etwa um 30 Euro kosten, so muss für den Rum Project One etwas tiefer in die Tasche gegriffen werden. Da sind es dann schon Anfang 40 Euro. Das gehört allerdings zum Tasting dazu. Einen Rum schmecken, der eine etwas teurere Stellung einnimmt.

Bei diesem exotischen Rum bitte ich die Gäste nicht mehr als die Hälfte des Glases zu leeren. Und verteile an jeden Teilnehmer ein Stück weiße Schokolade. Nach dem Verkosten des halben Glasinhalts wird das Stück Schokolade in den Mund genommen, angeschmolzen und dann mit dem restlichen Rum kombiniert. Die weiße Schokolade hebt das Kokos-Aroma des Rum Project One auf eine krasse Ebene!

Zum Abschluss des Live Tastings veranstalte ich gerne ein „Schnecken-Rennen". Reihum nennt jeder Teilnehmer zwei seiner Lieblinge des Abends und ich schiebe die genannten jeweils ein Stückchen nach vorne. Welcher der Rum-Sorten gewinnt bei Ihnen?

Unsere Favoriten

Geschmäcker sind verschieden. Die vielfältige Welt des Rums. Auf der Suche nach dem Geschmack. Viele, viele Rum-Sorten auf dem Markt. Alleine über 1.300 verschiedene Flaschen (Stand Mai 2015) bei Rum&Co. Da verliert der eine oder andere eventuell die Übersicht. Auch wir kennen lange nicht alle Sorten!

Manchmal ist es wirklich nett, die Lieblinge von anderen Rum-Liebhabern kennenzulernen. Während die verschiedenen Rum-Sorten in einem Live Tasting dafür sorgen sollen, die Bandbreite und Möglichkeiten von Rum zu zeigen, so zeigen wir hier unsere ganz persönlichen Favoriten auf.

Top-Favoriten

Von Thomas Altmann

Top Favoriten von Thomas Altmann

„Ich, Thomas Altmann *(Inhaber vom Spirituosen-Shop Rumundco.de)*, mag gutes Essen und entdeckte meine Liebe zu gutem Rum auf der Fähre nach Helgoland im Jahre 2009. Ron Zacapa Centenario 23 offenbarte mir eine neue Welt des Geschmacks! und gleichzeitig den Anstoß für Rum & Co. Heute mag ich es vor allem lieblich und ausgeglichen, harmonisch und rund. Da kommen insbesondere die süßen Melasse-Rums in Frage, auf der anderen Seite mag ich auch schon einmal einen schönen schottischen Single Malt trinken und entdecke den einen oder anderen Rum für mich, den ich in vergangenen Tagen eher nicht mochte. Meine derzeitigen Lieblinge sind:“

Ron Esclavo XO Rum

„Ich wiederhole mich, einer der eindrucksvollsten Rum-Neuheiten aus dem Jahre 2014. Und was soll ich sagen, er stammt von Oliver & Oliver. Ausgewogen, mild und voller Geschmack. Ursprünglich für den dänischen Markt kreiert und nun in ganz Europa Einzug haltend. Die Lieblichkeit ist recht hoch und verdammt lecker und ausbalanciert mit dem Aroma vermengt. Tolles Finish. Aus Zeitgründen hat es die ganze Esclavo-Reihe nicht mehr ins Buch geschafft, deshalb ein Tipp: Unbedingt ausprobieren!“

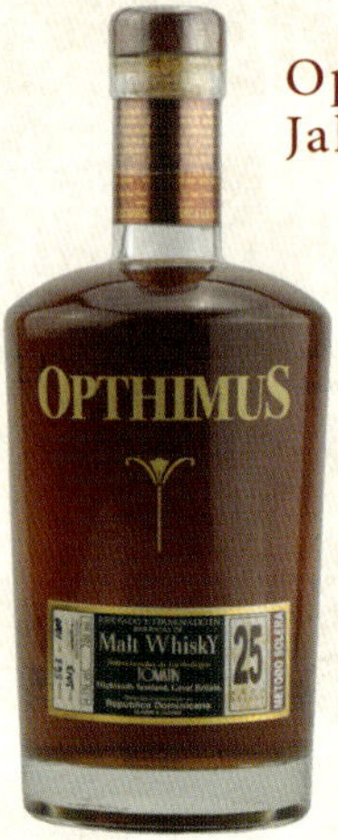

Opthimus Rum 25 Jahre

„Oliver & Oliver gehören für mich zu den besten Verblendern der Welt. Der Opthimus 25 überzeugt mich von ersten Schluck an. Komplex und charismatisch wirkt er auf mich. Kubanische Unternote und schöne Aromen. Lange Zeit mein absoluter Liebling, beim Opthimus stimmt einfach alles! Für mich der beste 25jährige Rum.“

Ron Zacapa 23 Black Label

„Der alte Black Label, der nur bis 2006 hergestellt wurde, schmeckt wie ein Traum. Diese Geschmeidigkeit, diese Weichheit und diese Tiefe. Wäre er noch in ausreichender Menge

verfügbar, so würde er sich sicher mit dem El Dorado messen müssen und vermutlich sogar gewinnen.
Einfach ein Traum und ganz verdient in der ewigen „Halle des Ru(h)ms."

Ron Quorhum 30 Jahre

„Und wieder ein Rum aus dem Hause Oliver & Oliver. Der Dominikaner reift in Bourbonfässern und zeigt eine sehr präsente Note von Vanille und Orangenschale. Sehr vielseitig und komplex. Nicht zu süß mit einer schönen Note Bitterkaramell. Ein sehr facettenreicher, eindrucksvoller Rum, der auch noch mit seinem sehr günstigen Preis für diese Reife punktet."

El Dorado 21

„Der Rum der Super-Premium-Klasse konnte weltweit bereits viele Preise einsacken. Er ist mit 43%Vol. abgefüllt. Er schmeckt wunderbar mild und bringt seine Holznoten wie ein seidiger Teppich in diesem edlen Tropfen unter. In der Mitte erwarten den Genießer Spuren von Orangenschale und ein wenig Feige. Dazu ein Hauch Vanille. Der Wahnsinn! Vor kurzem von mir entdeckt, hat es dieser Ausnahmerum in kürzester Zeit geschafft, meine bisherige Nr. 1 vom Thron zu stoßen."

Rum Project One by Spirits of Old Man

„Mega-Geschmack. Süße, Milde und diese brillante Kokos-Note. Ein sehr feiner Feierabend Rum für Liebhaber der exotischeren Geschmäcker. Die Karibik im Glas, das verspricht und hält der Rum Project One für mich eindeutig!"

Plantation Barbados 15 Jahre Rum (Rum&Co Edition)

„Haben wir aus einem Fundus an zur Verfügung stehenden Rum-Sorten ausgewählt. Single Cask. Starke Sherry-Noten und dadurch Kaffee und Schokolade. Vanille und Frucht.

Ganz hervorragende Verquickung dieser Eindrücke, der richtige Rum für ein besonderes Ereignis."

Top-Favoriten

Von Falk Redlich

Top Favoriten von Falk Redlich

„Ich, Falk Redlich *(Beratung/Tasting/Verkauf beim Spirituosen-Shop Rumundco.de)*, habe das Glück, Arbeit und Vergnügen miteinander zu verbinden. Seit langer Zeit liebe ich die asiatische Küche und beschäftige mich mit Gewürzen, insbesondere Curry und seinen vielen möglichen Bestandteilen. Die Leidenschaft von Rum erwachte in mir durch Legendario Elixir und Ron Botucal (damals noch Diplomatico). Heute weiß ich, das Elixir ist gar kein richtiger Rum und mag inzwischen die weniger süßen Rum-Sorten bzw. diejenigen, die ganz ohne Süße auskommen. Ich mag es, sich Zeit zu nehmen für Genuss. Ich mag eine Wand voller Gewürze, ich mag eine Wand voller Spirituosen und ich liebe gute Spirituosen zum Essen. Von Rum über Whisky und Gin bis hinzu Tequila. Ich schätze, unter anderem, diese Rum-Sorten besonders:“

Mount Gay XO Reserve Rum

„Wenn der liebe Gott ein Heim hat und mich zu sich ruft, dabei sagt, Falk, nimm einen Rum mit. Dann glaube ich wäre es vermutlich dieser Rum.

Ein Rum mit voller Leidenschaft und irrem Volumen. Braucht lange und ist kein Süßrum. Ein Traum aus Barbados.“

Dictador XO Insolent Rum

„Dieser Rum zeigt seinen Charakter mit starken Schokoladen und Kaffee-Noten. Seidig weich und mit hölzerner Würze im Nachklang. Wahnsinnig samtig. Sehr tiefer Geschmack und irgendwie nicht schwer. Kein Süßrum. Kolumbiens Prachtexemplar.“

Zaya 12 Jahre Gran Reserve Rum

„Der Zaya ist in meinen Augen der beste Süßrum der Welt. Auch wenn ich solche Vergleiche eigentlich nicht mag, so finde ich das dennoch. Andere Rumsorten schmecken auch gut. Der Zaya 12 riecht übrigens viel süßer, als er tatsächlich schmeckt. Flüssiges Toffifee in der Flasche. Karamell, Schokolade, Nuss und Vanille. Geniales Dessert aus Trinidad."

Cadenheads Guyanan 15 Jahre Rum

„Lange Zeit war ich skeptisch. Für den Einsteiger fehlt die Süße. Deshalb häufig als eher schlecht eingestuft. In Wirklichkeit ist dieser Rum ein ursprüngliches Ungetüm mit 46%Vol.

Ein Rum voller Kraft und Volumen, voller ursprünglicher Aromen ohne Verfälschung. Kein Süßrum. Diesen Guyaner muss man mögen (oder eben doch lieber Dessertrums)."

Santiago de Cuba 12 Jahre Rum

„Ich war lange Zeit kein Freund von Rum aus Kuba. Der Santiago hat mich eines Besseren belehrt. Schaurig schön.
Rauchnote und Schokoladeneindrücke. Vanille, Traube. Und kein Süßrum. Fantastische Versuchung aus Kuba."

Origenes 18 Jahre Panama Rum

„Don Pancho hat Rum kreiert, der schmeckt, wie er es für richtig hält. Gehe damit konform, zumindest für einen gesüßten Rum. Tolles Aroma, feiner Geschmack.

Klasse Ding aus Panama. Süßrum."

Das dunkle Geheimnis

Glauben Sie nicht alles,
was Sie lesen

Der Süßrum (lecker & mild)

In diesem Kapitel lassen wir unseren Gedanken freien Lauf. Alles in diesem Kapitel geschriebene entspricht einer Annahme. Viele Erkenntnisse entstanden durch Recherchen im Internet, Aussagen von ehemaligen Mitarbeitern aus dem Spirituosengewerbe, Emailverkehr mit Menschen aus der Szene, Gespräche mit Kunden und Gästen, sowie Destillateuren und natürlich Aussagen von diversen Forenusern. Neben der Spekulation entsteht auch die ein oder andere Erkenntnis durch Ausschluss. Glauben Sie nicht alles, was Sie lesen. Seien Sie aber versichert, dass nicht alles gezeigt wird, was hinter den Kulissen geschieht.

Nehmen wir einmal unseren absoluten Top Seller aus der Abteilung Rum. Der Ron Botucal Reserva Exclusiva schmeckt vor allem Einsteigern besonders lecker. Die Geschmacksempfindungen sind mild und ausgewogen. Cremig. Dazu diese Aromen von Schokolade, etwas Traube und irgendwie Leb- und Fruchtkuchen. Und auch recht süß (das merken wir uns). Der Zweitplatzierte in der Verkaufsliste ist das Legendario Elixir de Cuba. Dabei handelt es sich nicht um einen „echten“ Rum, dazu fehlt dem Elixir die Puste (sprich: Alkoholvolumen), sondern um einen „Rum-Likör“. Geschmacksempfindungen hier sind weich, cremig und Rosine. Und ganz viel Süß (das kommt uns bekannt vor).
Wenn Kunden bei uns im ShowRoom direkt fragen oder per Email eine Empfehlung wünschen, so wird häufig gesagt: „Ich mag den XYZ-Rum und den ABC-Rum. Beide sind sehr mild und recht süß. Dieses Süße mag ich, können Sie mir da einen empfehlen, der so ähnlich schmeckt?“ (und wieder ist „süß“ eine wichtige Bemerkung). Häufig werde ich auch darauf hingewiesen, dass der Rum nicht so kräftig, so stark, so sprittig oder/und so bissig sein darf. In einem Atemzug mit der Süße genannt.

Wussten Sie, dass, je süßer eine Spirituose ist, desto milder wird sie empfunden? Wussten Sie, dass die süßen Rum-Sorten bei vielen Genießern (nicht bei allen) ganz hoch im Kurs stehen und die weniger süßen eher nicht (und teilweise auch als „sprittig“ und zu „kräftig“ empfunden werden)?

Das dunkle Geheimnis (Mein Rum ist schön süß)

Wussten Sie auch, dass kein Brand der Welt nach der Destillation süß ist? Ganz genau, kein Whisky, kein Cognac und auch kein Rum ist süß, wenn der die Brennblase verlässt (natürlich auch kein Vodka und andere reine Brände). Richtig gelesen, auch Rum ist nicht süß. Aber Rum ist doch aus Zuckerrohr und Zuckerrohr ist süß? Das stimmt. Dennoch landet kein Zucker im Destillat. Alles, was an Süße in einem Brand landet, muss im Nachhinein zugefügt werden. Nebenbei enthalten reine Destillate auch keinerlei Gluten und sind somit für „Zölis“ (Menschen mit

Zöliakie, einer Eiweißallergie) genießbar (es sei denn, sie werden hinterher mit anderen Stoffen vermengt). Z.B. kann ein Nussallergiker ruhigen Gewissens einen Nussbrand genießen, ohne dass die Proteine die Allergie auslösen.

Wir schauen uns einmal die Verordnung für Rum an, aus dem Amtsblatt der EU (aus dem Jahr 2008), entnommen von http://eur-lex.europa.eu/

13.2.2008 | DE
Amtsblatt der Europäischen Union | L 39/16
VERORDNUNG (EG) Nr. 110/2008 DES EUROPÄISCHEN PARLAMENTS UND DES RATES vom 15. Januar 2008

a) Rum ist eine Spirituose, die ausschließlich durch alkoholische Gärung und Destillation von aus der Herstellung von Rohrzucker stammender Melasse oder Sirup oder vom Saft des Zuckerrohrs selbst gewonnen und zu weniger als 96 % vol so destilliert wird, dass das Destillat in wahrnehmbarem Maße die besonderen sensorischen Eigenschaften von Rum aufweist, oder eine Spirituose, die ausschließlich durch alkoholische Gärung und Destillation von Saft aus Zuckerrohr gewonnen wird und die aromatischen Merkmale von Rum sowie einen Gehalt an flüchtigen Bestandteilen von mindestens 225 g/hl r. A. aufweist. Diese Spirituose kann mit dem Zusatz „landwirtschaftlicher“ zu der Verkehrsbezeichnung „Rum“ in Verbindung mit den in Anhang III eingetragenen geografischen Angaben der französischen überseeischen Departements und der Autonomen Region Madeira in Verkehr gebracht werden.

b) Der Mindestalkoholgehalt von Rum beträgt 37,5 % vol.

c) Der Zusatz von Alkohol, ob verdünnt oder unverdünnt, gemäß der Begriffsbestimmung in Anhang I Nummer 5 ist nicht zulässig.

d) Rum darf nicht aromatisiert werden.

e) Rum darf nur zugesetzte Zuckerkulör (auch häufig: Zuckercouleur) zur Anpassung der Farbe enthalten.

Passus f) lasse ich weg. Enthält keine wichtigen Daten für die weitere Schlussfolgerung.

In dieser Verordnung steht nicht, dass Rum nicht gesüßt werden darf. Es wird auch nicht ausdrücklich erlaubt, aber beim Whisky, als Beispiel, wird es ausdrücklich verboten (das finde ich merkwürdig genug)!

Die nackte Wahrheit (da ist Zucker im Rum)

Im Jahr 2013 wurde im Internet die Zuckermenge diverser Rum-Sorten veröffentlicht. Sie stammen von der schwedischen Regierung. Wenn in Schweden Spirituosen importiert werden, dann muss die Menge an Zucker darin bekannt gegeben werden. Aber es gibt noch mehr Menschen da draußen, die sich für Rum interessieren und für den Zucker darin, erst recht nach diesem „Aufschrei“. Von wie viel Zucker reden wir denn? Ein Likör muss 100 Gramm Zucker auf einen Liter Rum enthalten, um sich Likör nennen zu dürfen. Einige Zuckermengen hat das Lefo-Institut für den stern ermittelt: Coca Cola enthält 110 Gramm Zucker auf einen Liter Flüssigkeit (damit wäre Cola als Alkohol ein Likör). Red Bull enthält ähnlich viel, wie Coca Cola.

Baileys Irish Cream enthält mindestens 250 Gramm Zucker auf einen Liter, da dies die Mindestgrenze für eine Cream ist. Bitter Lemon von Schweppes hat 129 Gramm Zucker/Liter. Mehr als Cola.

Umgefallen? Es besteht noch gar kein Grund dafür, diese Lebensmittel haben wir alle schon einmal zu uns genommen. Mit einem mehr oder weniger schlechten Gewissen und Nutella z.B. besteht zu 55% aus Zucker. Abgesehen von den schwedischen Angaben gibt es im Internet noch mehr Quellen zu finden, die sich mit dem Zuckergehalt im Rum beschäftigen. Wie aber genau misst man den Zuckergehalt im Rum?

Die Hydrometer-Methode

Die Hydrometer-Methode erlaubt es, den Zuckergehalt eines Rums zu messen. Das Messinstrument besteht aus Behälter (für die Flüssigkeit in genauer, immer gleicher Menge) und einem „Schwimmer", der in die Flüssigkeit getaucht wird anfängt zu sinken (durch das Eigengewicht). Irgendwann bleibt es in der Flüssigkeit „stehen". Dann kann die Alkoholstärke abgelesen werden. Es gibt noch ein paar Bedingungen mehr, die erfüllt sein müssen, wie z.B. die Temperatur der Flüssigkeit von 20° Celsius, aber das vernachlässigen wir an dieser Stelle.
In einem Alkohol mit 60%Vol. sinkt der Schwimmer tiefer, als in einem mit 40%Vol., da Wasser schwerer als Alkohol ist (durch die höhere Dichte). Füllen wir z.B. Zucker in einen Rum, dann erhöht sich die Dichte des Rums und er wird schwerer. D.h. gleichzeitig, der Schwimmer taucht weniger tief in die Flüssigkeit ein. Nehmen wir nun zwei verschiedene Rum-Sorten (gezielt ausgewählt), aus der Riege der Top Seller, mit einem ausgezeichneten Volumenalkohol von 40%Vol. Den Ron Botucal Reserva Exclusiva und den Ron Matusalem 15 Solera. Letzteren messen wir zuerst und der Schwimmer bleibt bei ~39%Vol. stehen. Prima, der Ron Matusalem 15 Solera ist nicht süß und enthält weniger als 5 Gramm Zucker auf einen Liter. Jetzt folgt der Botucal. Der Schwimmer taucht viel, viel weniger ein und bleibt bei ~28%Vol. in der Schwebe. Dank Berechnung bedeutet das, im Botucal befinden sich ~40 Gramm Zucker auf einen Liter Rum.

Top Seller mit Messwerten:

Ron Botucal Reserva Exclusiva	*~40 g/Liter*
Pyrat XO Reserve	*~30 g/Liter*
Ron Zacapa 23 Solera	*~40 g/Liter*
Ron Centenario 20 Solera	*~40 g/Liter*
Ron Pampero Aniversario	*~15 g/Liter*
Ron Millonario 15 Solera	*~40 g/Liter*
Ron Matusalem 15 Solera	*< 5 g/Liter*
Ron Zacapa Etiqueta Negra	*~30 g/Liter*
El Dorado 12 Jahre	*~35 g/Liter*
Dos Maderas 5+5 PX	*~35 g/Liter*
Ron Zacapa XO	*~25 g/Liter*
Ron Quorhum 30 Solera	*~45 g/Liter*
Captain Morgan Private Stock	*~45 g/Liter*
El Dorado 15 Jahre	*~40 g/Liter*
Abuelo 12 Jahre	*~30 g/Liter*
A.H. Riise XO Reserve	*~60 g/Liter*

Angostura 1919	*~15 g/Liter*
Appleton Estate 12 Jahre	*< 5 g/Liter*
English Harbour 5 Jahre	*~10 g/Liter*
Atlantico Private Cask	*~25 g/Liter*
Presidente Marti 23 Solera	*~45 g/Liter*
Zaya 12 Jahre	*~20 g/Liter*

Zwischen diesen (Premium) Top Sellern befinden sich lediglich zwei Rums, die einen Zuckergehalt von weniger als 5 Gramm auf einen Liter aufweisen. Zum Einen der bereits genannte Matusalem 15 und zum Anderen den Appleton 12 Jahre. Ich vermute, beide Rum-Sorten werden generell häufig als Mischbestandteil getrunken, weniger oft als purer Rum. Der Rum mit dem höchsten (mir bekannten) Zuckergehalt ist der A.H. Riise Non Plus Ultra mit satten 85 Gramm/Liter. Das ist nahe dran am Likör. Überhaupt weisen die Riise-Rums extrem viel Zucker auf (>60 Gramm) und sind dabei gleichzeitig sehr beliebt.

Die „alten“ Zacapa Rums

Früher waren die Zacapa-Rums viel besser. Der alte White Label, der alte Black Label, das waren noch Rums von großer Qualität. Die heutigen sind nur Abziehbilder davon. Solche Worte (oder ähnliche) schon einmal gehört? Das Zacapa immer schlechter wurde, mit den Jahren? Ein Teil dieses Geheimnisses ist: Früher war im Zacapa mehr Zucker drin! Kein Witz! Während der heutige Zacapa 23 Solera „lediglich“ mit ~ 40 Gramm Zucker auskommt, so tankte der alte White Label fast die 1,5fache Menge. Beim heutigen Etiqueta Negra und dem alten Black Label verhält es sich ähnlich. Und als dritter Vergleich Zacapa XO neu mit ~25 g/Liter und der alte XO Premio Platino mit über 40 Gramm. Ich hatte das Vergnügen, sowohl die neuen Abfüllungen zu verkosten, wie auch die alten. Im Vergleich wirken die alten Abfüllungen sehr deutlich cremiger, weicher, harmonischer und süßer. Kein Wunder, bei „doppeltem“ Zuckergehalt?!

Unabhängig welchen Hintergrund dieser Umstand hat (die Reduktion des Zuckers), das gefällt mir. Weniger Zucker klingt gleich ein ganzes Stückchen besser. Nebenbei können wir gleich mit einem weiteren „Gerücht“ aufräumen. Früher war Zacapa wirklich 23 Jahre alt. Das ist ein Irrtum. Seit Lorena Vasquez, die Master-Blenderin, bei Zacapa arbeitet, wird das Solera Verfahren angewendet (und sie ist bereits mehr als 23 Jahre dort). Vor der großen Umstellung (2008) war es nur nicht kennzeichnungspflichtig, heute schon!

Die „guten“ Jungs (Rumsorten ohne Zucker)

Es existieren auch tatsächlich Rum-Sorten (und Marken) mit weniger als 5 Gramm Zucker auf einen Liter. Weist ein Rum weniger als 5 Gramm auf, so kann diese Menge wirklich als natürliche Süßung betrachtet werden.

Bacardi Superior	*< 5 g/Liter*
Brugal Anejo	*< 5 g/Liter*
Clement Rhum	*< 5 g/Liter*
Dictador Rum	*< 5 g/Liter*
Havana Club 3 Jahre	*< 5 g/Liter*
Mount Gay Rum	*< 5 g/Liter*
Santiago de Cuba	*< 5 g/Liter*
Secret Treasures Rum	*< 5 g/Liter*
Rum & Cane	*< 5 g/Liter*
Smith & Cross	*< 5 g/Liter*
Doorley´s Rum	*< 5 g/Liter*
Cockspur Rum	*< 5 g/Liter*
Cadenhead´s Rum	*< 5 g/Liter*
Richard Seale/Foursquare	*< 5 g/Liter*

Wer einmal einen Premium Rum probieren möchte, der ohne Zucker auskommt, der sollte einmal mit den Marken Dictador, Mount Gay, Cockspur, Ron Matusalem, Santiago de Cuba und dem ein oder anderen unabhängigen Abfüller liebäugeln (die Marke Rum Nation hat normalerweise Zucker an Bord).
Cadenhead´s macht gut Preise bei gutem Rum (vor allem in der Green Label Serie). Als (recht) preiswerter Einsteiger in diese Materie sei unbedingt der Cockspur 12 Jahre empfohlen, da er durch seine Reifung in Sherryfässern die Akzeptanz bei Neulingen doch recht gut in die Höhe schraubt, obwohl er nicht süß ist!

Wer das erste Mal einen Rum ohne Zucker trinken möchte, der sollte unbedingt auf die Wärme der Spirituose achten. Je wärmer der Rum ist, desto einfacher der geschmackliche Zugang!

Oder er greift zu einem Trick und serviert den Rum in einem Shot Glas. Vorher den Rand mit Zitrone einreiben, umgedreht in Kaffeepulver tauchen und anschließend mit Rum auffüllen. Vor dem Trinken etwas am Kaffeerand knabbern und anschließend den Rum genießen. Für das erste Mal gerne als „Kurzen“.

Wie kommt der Zucker in den Rum?

Ein Mitarbeiter eines der größten Spirituosenherstellers der Welt antwortete auf meine Frage, wo kommt der Zucker her: Der Rum wird in ehemaligen Pedro Ximinez (süßer Sherry) Fässern gelagert und dort kommt die Süße her.

So, so. Da bin ich ja mal gespannt. Schnappen wir uns einmal ein Sherry-Fass. Üblicherweise enthält das Fass etwa 200 Liter (die Genauigkeit reicht vollkommen aus) Flüssigkeit, in diesem Fall Sherry. Die Holzdaube, also das Holz des Fasses, saugt sich ungefähr mit 2 Litern Flüssigkeit voll. Soweit, so gut.

Nun stellen wir uns vor, die Flüssigkeit in besagter Holzdaube (also der Sherry) besteht zu 100% aus Zucker (in Wirklichkeit ist es ja viel weniger, aber wir stellen es uns halt vor). In dieses Fass füllen wir einen Rum. Und lagern ihn. Wenn wir es richtig machen, dann wird die Flüssigkeit in der Daube (Sherry) durch Flüssigkeit aus dem Fass (Rum) verdrängt, fließt ins Fass und vermischt sich damit. Jetzt ist diese (gedachte) 100%-Zucker-Flüssigkeit also in unserem Rum im Fass. Wir überschlagen das ganz einfach mal. 200 Liter entsprechen einfach 200 kg (1 Liter Wasser = 1 kg, obwohl Alkohol natürlich leichter ist). Davon sind nun 2 kg purer Zucker (wir tun ja so). 2 kg auf 200 Liter. Das sind 2.000 Gramm Zucker auf 200 Liter. Runtergebrochen sind es 10 Gramm Zucker auf einen Liter Flüssigkeit.

Nach Wiki beträgt der Zuckergehalt des Cream Sherrys (der süßeste, den es gibt) etwa 115 bis 140 Gramm je Liter (und damit ein Likör. Nicht umsonst heißt es Likörweine). Rechnen wir nun noch einmal in unserem Fass mit einem fiesen Zuckergehalt von 150 Gramm je Liter, dann befinden sich 300 Gramm Zucker in unserem Fassinhalt von 200 Litern. Runtergebrochen auf 1 Liter beträgt der Zuckergehalt 1,5 Gramm. Weder mit unserer angenommenen 100%-Zucker-Flüssigkeit (und ein bisschen schummeln beim Rechnen) noch mit Wiki-Werten eines (extrem süßen) Sherrys kommen wir auf mehr als 10 Gramm bzw 2 Gramm Zucker.

Ja, natürlich. Der Rum könnte häufiger umgefüllt werden und stets in einem frischen Sherry-Fass ruhen, um Sherry in den Rum zu bekommen. Selbst für einen Rum mit 25 Gramm Zucker je Liter müsste der Rum (mit unserem Rechenbeispiel des Cream Sherrys) 16 Mal in ganz frische Sherry-Fässer umgefüllt werden und die komplette Menge Flüssigkeit aus der Daube saugen. Und auch hier rechnen wir zu Gunsten des hohen Zuckeranteils. Praktikabel ist dies aber nicht. Frische Sherry-Fässer sind viel zu teuer, als dass sich diesen Aufwand ein Rum-Hersteller leisten kann. In der Realität sind diese Fässer in mehrfacher Verwendung und die Daube nicht stets im vollen Umfang mit Sherry gefüllt.

Richard Seale von der Foursquare Destillerie auf Barbados hat einmal geschrieben: Durch den Prozess der Reifung im Fass gelangen höchstens bis zu 3 Gramm Zucker je Liter in den Rum. Das ist mal eine Ansage. Wie also kommen in ein solches 200 Liter Fass die 8 kg Zucker, die ein Rum mit 40 Gramm/Liter hat? Es bleibt nur die Zuführung von Zucker übrig. Eine andere Möglichkeit gibt es nicht. Mit Reifung, Destillationskunst und Sherry-Süße hat es jedenfalls nichts zu tun. Wir müssen uns also gefallen lassen, in die süßen Rum-Sorten wird Zucker gekippt. Und das nicht zu knapp. Und nehmen wir jetzt noch einmal an, der Mitarbeiter des großen Spirituosenherstellers spricht die Wahrheit (ich möchte ihm damit übrigens nicht unterstellen, er lüge. Eher er weiß es nicht besser).

Die Süße und damit der Zuckergehalt käme tatsächlich von der Reifung in ehemaligen Fässern, in denen zuvor süßer Sherry lagerte. Dann wäre es so, dass der Sherry aus der Daube generell in Rum fließt und vor schottischem Whisky halt macht. Denn in einem Single Malt aus Schottland finden wir keinen (< 3 Gramm/Liter wenn überhaupt) Zucker. Auch nicht in denen, die in ehemaligen Fässern lagerten, in denen zuvor süßer Sherry lagerte.

Ist das denn schlimm?

Es kommt immer auf die Perspektive an. Wird ein lange gereifter Rum voll tollem Aroma ein wenig mit Zucker „abgerundet", dann kann dies ganz vielen Genießern gefallen. Ich meine, selbst einfache Milch aus dem Supermarkt ist gesüßt. Aber wo genau fängt „abgerundet" an und wo endet es? Welche Zugabemengen sind hier „okay" und welche nicht? Über eines muss sich der Genießer von Süßrums auf jeden Fall klar sein. Es ist vor allem der Zucker, der diese Harmonie erzeugt. Die Cremigkeit, die gefühlte Fülle, der harmonische Aromenspiegel, all dies wird durch die hohe Süße empfunden. Und noch viel wichtiger, es erlaubt einfachen Rum-Sorten, die wenig Reifezeit hinter sich haben (die preiswert produziert wurden), einen Sprung in die „Premium" Liga. Einfach durch Hinzufügen von Zucker. Große Konzerne können so mit Leichtigkeit die Hinterhofdestillen ausbooten, die seit Generationen mit echter Rum-Kunst daherkommen und keinen bis wenig Zucker verwenden, um den Geschmack zu erhalten.

Wollen wir, dass Rum immer gleich schmeckt? Wollen wir, dass Rum immer süß daherkommt? Der Trend ist auf jeden Fall auf diesem Weg. Bereits Mixspirituosen wie z.B. Captain Morgan Spiced Gold (ist ja gar kein echter Rum) zeigen uns, was gewünscht wird. Klebrig süß mit vielen (künstlichen) Aromastoffen. Zucker ist süß. Zucker macht gleich. Süß lässt sich gut verkaufen. Zucker feilt Kanten ab, lässt den Rum reifer wirken, runder und älter. Dabei schmeckt der Rum heute wie gestern und wie er morgen schmecken wird. Immer gleich. Nicht anders. Denn genau das wollen wir, wenn wir einen Rum kaufen gehen. Oder nicht?

Geschmacksentwicklung? (Von süß zu ungesüßt?)

Häufig entwickelt sich Geschmack. Am Anfang war es ein süßer Wein, heute darf es nur noch trocken sein. Zu Beginn mochte sie den lieblichen Sekt, heute ist nur noch Brut perfekt. Gestern war dir weicher Whisky aus der Speyside hautnah, morgen wird es Torfrauch von der Isle of Islay (sprich: Eil off Eilah). Und genau so könnte es auch mit Rum sein. Von süß zu nicht süß. Von glattgebügeltem „Allerweltsrum" zu charakterstarken „Geschmacksträgern". Dazu muss man aber wissen, dass es Süßrums und Rums (ohne Zucker) gibt. Und erst einmal mit den süßen anfangen. Um Rum überhaupt kennen zu lernen, um die Bandbreite von Rum zu erkennen. Um „Umsteigen" zu können.

Es lohnt sich!
Ungesüßten Rum zu genießen, ist eine Wucht. Ein volles Aromenbrett! Das ist pures Vergnügen. Fordernd, anspruchsvoll und wild. Sind ungesüßte Rum-Sorten automatisch weniger mild? Nein, das sind sie nicht. Nur gut darauf achten, dass sie auch wirklich handwarm sind, dann passt das schon. Als Tipp: Rum (ohne Zucker) schmeckt besonders gut, wenn der eigene Körper voller Hitze ist. Entweder am heißen Kaminfeuer oder in der glühenden Sommersonne. Wenn unser Körper so voller Wärme aufgeladen ist, dann lehnt er nämlich von Haus aus süße Speisen und Getränke ab. Gleichzeitig heißt er Ungesüßtes willkommen. Freunden einen ungesüßten Rum nahe bringen?

Im Sommer relaxt auf der heissen Terrasse sitzen, die Zeit verstreichen lassen und zum passenden Augenblick einen Cockspur 12 servieren. In einem kleinen Nosingglas servieren. Vor dem eigentlichen Trinken die Gäste warten lassen und wenn der Rum ein wenig Sonne abbekommen hat, zum Genuss auffordern.

Besondere Empfehlungen für den Einstieg mit ungesüßtem Rum? Ja, die gibt es: Matusalem 15, Cockspur 12, Dictador 12, Mount Gay XO und Secret Treasures Old Trinidad Rum 1991. Das sind großartige Rumsorten für den Einstieg ohne Zucker. Die letzten vier halten sich auch später noch mit großartigem Geschmack, der Matusalem wirkt im direkten Vergleich doch etwas blasser.

Ist süßer Rum schlechter als ungesüßter?

Diese Frage kann am Ende nur jeder für sich selbst beantworten. Cognac darf per Erlass gesüßt werden, von Haus aus (das müssten etwa 10-15g pro Liter sein). Dort ist das Thema kein Problem. Einige Hersteller verzichten allerdings auf Zuckerung und auch Farbgebung mittels Zuckerkulör. Beim Kochen spendiere ich (häufig) ebenfalls eine Prise Zucker, sobald Tomaten im Spiel sind, um das Aroma etwas anzuheben. Auf der anderen Seite sind es selbst beim Cognac keine 40 Gramm auf den Liter und ich haue nicht ein ganzes Pfund Zucker in den Wok.

Also ist eine Frage richtig platziert: Warum genau muss der Rum gesüßt werden? Ist das Produkt nicht gut genug, so wie es ist? Oder ist diese Süßung doch nur der Wunsch der Kunden und dem amerikanischen und europäischen Markt geschuldet? Fakt ist, vielen Genießern schmeckt der gezuckerte Rum einfach sehr gut. Aber zumindest draufschreiben müssten die Hersteller die Zuckermenge, wie ich finde. Dann kann jeder selbst entscheiden, MIT dem Wissen, der Rum ist gezuckert oder nicht. Das kann er jetzt nicht. Jetzt ist den meisten Rum-Genießern dieser Umstand vorenthalten und sie glauben, Rum sei von Haus aus süß. Gerade das lieben sie, so sagen es nicht wenige Kunden bei uns.

Eine kleine Geschichte (aus dem Kopf) zum Abschluss dieses Themas. Richard Seale, der Eigentümer der Foursquare Destillerie auf Barbados, nahm an einem besonderen Event um das Thema Rum teil. Dort servierte er einen neuen Rum, den niemand kannte. Die Gäste waren hellauf begeistert, was für Aromen, was für eine Klasse von Rum. Richard löste auf und teilte den Gästen mit, es handele sich um einen Spiced Rum. Ohne künstliche Aromen und Zusatzstoffe. Durch die recht schwache Aromatisierung des Rums mit echten Naturprodukten (im Gegensatz zur intensiven Aromagestaltung durch künstliche Aromastoffe) hielten (vermutlich) die Gäste diesen Würz-Rum für einen ganz normalen Rum. Nicht viel später gab Richard Seale zum Besten, er denke, dass die meisten verkauften Premium-Rums (in Europa und den USA) „gedoktort“ sind. Das hieße (denke ich), mehr als ¾ aller hochwertigen Rum-Sorten in unserem Mund sind manipuliert.

Anhang

Index

Danksagung

Vielen Dank an alle, die bei der Fertigstellung des Buches direkt oder indirekt geholfen haben. Vielen Dank an ATF, Diageo, Ferrand, Sierra Madre und Sucos für die Mühen und das Bildmaterial. Vielen Dank an Der Petersen für die gestalterische Umsetzung. Vielen Dank an unsere Familien für die Geduld.

Bildnachweis

10 © by DUSA, Sierra Madre GmbH
13 Rohrzucker - Fritz, Wikimedia Commons
13 Beam Lagerhalle - Bbadgett, Wikimedia Commons
15 © by DUSA, Sierra Madre GmbH
19 © by DUSA, Sierra Madre GmbH
21 Zuckerrohr - Badurubalaji, Wikimedia Commons
22 Organische Melasse aus Paraguay - Badagnani,Wikimedia Commons
23 © by DUSA, Sierra Madre GmbH
34 © by DUSA, Sierra Madre GmbH
56 © by Centenario International S.A., ATF UG Costa Rica Rum
73 © by Oliver & Oliver, Sucos do Brasil
74 © by Oliver & Oliver, Sucos do Brasil
75 © by DUSA, Sierra Madre GmbH
127 © Legendario, Legendario Deutschland
130 © Legendario, Legendario Deutschland
167 © by DUSA, Sierra Madre GmbH
168 © by DUSA, Sierra Madre GmbH
169 © by DUSA, Sierra Madre GmbH
170 © by DUSA, Sierra Madre GmbH
173 © by DUSA, Sierra Madre GmbH
188 © by J.Y. Boyer, Cognac Ferrand, Plantation Rum
189 © by J.Y. Boyer, Cognac Ferrand, Plantation Rum
207 ff. © by DIAGEO, Ron Zacapa

Boise
Sioux Falls
Cedar Rapids
Madison
Lansing
Lake
Detroit
Lake Erie
Cleveland
Albany
Great Salt Lake
Cheyenne
Omaha
Missouri
Des Moines
Rockford
Chicago
New York
Salt Lake City
Lincoln
Pittsburgh
Harrisburg
Reno
Carson City
Denver
Kansas City
Indianapolis
Columbus
Baltimore
Great Basin
Colorado Springs
Springfield
Cincinnati
Topeta
Jefferson City
Frankfort
Charleston
Colorado
St. Louis
Evansville
Las Vegas
OF AMERICA
Richmond
Norfolk
Nashville
Santa Fe
Durham
Raleigh
Memphis
Oklahoma City
Little Rock
Charlotte
Columbia
Phoenix
Birmingham
Atlanta
Diego
Fort Worth
Dallas
Macon
Charleston
Tucson
Abilene
Jackson
Tijuana
Mexicali
El Paso
Shreveport
Montgomery
Columbus
Savannah
Ciudad Juárez
Baton Rouge
Mobile
Tallahassee
Beaumont
Austin
Hermosillo
Sierra Madre Occidental
Houston
New Orleans
Baja California
Chihuahua
Rio Grande
San Antonio
Orlando
Tampa
Ciudad Obregón
Corpus Christi
St. Petersburg
West Palm Beach
Gulf of Mexico
Monterrey
Brownsville
Torreón
Miami
NASSAU
Culiacán
BAHAM
La Paz
MEXICO
HAVANA
Matanzas
San Luis Potosí
Tampico
Pinar del Río
CUBA
Mérida
Cancún
Camagüey
León
Guadalajara
MEXICO
Campeche
Santiago de Cuba
Morella
Veracruz
BELIZE
JAMAICA
BELMOPAN
KINGSTON
Acapulco
Oaxaca
GUATEMALA
GUATEMALA
HONDURAS
CARIBBE
SAN SALVADOR
TEGUCIGALPA
EL SALVADOR
NICARAGUA
MANAGUA
5776
Cristóbal Colón Peak
Barranquilla
Cartagena
SAN JOSÉ
COSTA RICA
PANAMA
PANAMA
Medellín
Manizales
Cali
Neiva
Popayán
Pasto
Esmeraldas
ECUADOR
QUITO
Portoviejo
6268
Chimborazo
Guayaquil
Cuenca
Iquitos
Sullana
Piura
Chiclayo
Trujillo
Chimbote
6768
Huascarán
LIMA
PERU
Arequip